Géographie, histoire et éducation à la citoyenneté

2ᵉ cycle
Sur la piste

Brigitte Bernier

Marie-France Davignon

Chantal Déry, coordonnatrice

Jacinthe Saint-Martin

Révision scientifique

Alain Beaulieu, professeur
au département d'histoire,
Université du Québec à Montréal

Albert Desbiens, professeur honoraire
au département d'histoire,
Université du Québec à Montréal

Martin Fournier (Ph. D.), professeur
d'histoire, Université du Québec à
Rimouski

Michèle Fréchet, professeure de
géographie au Collège de Montréal

Manuel

B

ÉDITIONS DU RENOUVEAU PÉDAGOGIQUE INC.

5757, RUE CYPIHOT
SAINT-LAURENT (QUÉBEC)
H4S 1R3

TÉLÉPHONE : (514) 334-2690
TÉLÉCOPIEUR : (514) 334-4720
COURRIEL : erpidlm@erpi.com

Éditrice
Marie Duclos

Chargées de projet
Maïe Fortin
Christiane Gauthier (*Boîte à outils*)

Réviseures linguistiques
Madeleine Dufresne
Nicole Larivée

Correctrice
Odile Dallaserra

Recherchiste (images et droits)
Pierre Richard Bernier

Illustrateurs
Bernard Duchesne
Tandem (pages 103 à 119)

Cartographie
Carto-Média

Conception graphique et édition électronique
ERPI

Couverture
ERPI
Illustrations : Virginia Pésémapéo Bordeleau
Bernard Duchesne

L'approbation de cet ouvrage par le ministère de l'Éducation du Québec n'implique aucune reconnaissance quant à la délimitation des frontières du Québec.

Dépôt légal : 3e trimestre 2002
Bibliothèque nationale du Québec
Bibliothèque nationale du Canada

IMPRIMÉ AU CANADA   1234567890 II 098765432
ISBN 2-7613-1259-7   10485 ABCD   JS12

Table des matières

Voici la signification de quelques pictogrammes utilisés dans ton manuel.

La préparation : on te met sur la piste de la recherche à effectuer.

La réalisation : tu effectues ta recherche.

L'intégration : tu présentes tes découvertes et tu fais le point.

Ce pictogramme t'indique qu'il y a une capsule à consulter.

Ce pictogramme t'indique la page où tu trouveras une démarche.

Colonie   Les mots soulignés en bleu sont expliqués dans la section *Le vocabulaire géographique et historique de mon manuel*, à la page 120.

Comment lire les lignes du temps de ton manuel

Les nombres placés sous la ligne du temps sont des repères numériques.
Les nombres en rouge placés au-dessus de la ligne représentent l'année ou la période traitée par le dossier.

1645-1745

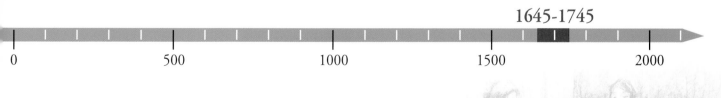

| 0 | 500 | 1000 | 1500 | 2000 |

v

Bienvenue Sur la piste

Comment une société s'organise-t-elle ? Comment s'adapte-t-elle au territoire qu'elle occupe ? Comment une société évolue-t-elle au fil des siècles ? Qu'est-ce qui différencie deux sociétés ? Voilà quelques-unes des questions auxquelles tu réfléchiras dans ton cours de Géographie, histoire et éducation à la citoyenneté.

En poursuivant l'étude de la géographie et de l'histoire, tu comprendras d'où vient le monde dans lequel tu vis.

Dans le manuel A de *Sur la piste*, tu as fait la connaissance des Amérindiens et de la Nouvelle-France. Avec le manuel B, tu vas enrichir tes connaissances sur les Iroquoiens et sur les habitants de la Nouvelle-France. Tu vas aussi découvrir d'autres colonies d'Amérique du Nord, des colonies qui appartenaient à l'Angleterre, et tu les compareras à la Nouvelle-France.

En feuilletant Sur la piste

Tourne les pages de ton manuel : tu vois qu'il contient quatre dossiers. Regardes-en un de plus près. Dès le début du dossier, tu observes des images ou des cartes, et tu lis un court texte. Ensuite, à l'aide des questions qu'on te pose, tu formules des hypothèses sur ce que tu as observé. C'est l'étape où l'on te met... *Sur la piste*.

La deuxième étape, qui s'intitule « Enquête », t'amène à faire une recherche pour vérifier tes hypothèses. Cette collecte de données est nécessaire aussi pour réaliser le projet proposé dans chaque dossier.

Finalement, la troisième étape, « Découvertes », te permet de faire le point sur ce que tu as trouvé et compris pendant ta recherche. Tu peux partager ces découvertes avec tes camarades, ta famille, ton enseignante ou ton enseignant.

Au cours du dossier, on renvoie parfois à une capsule ; elle figure à la fin du dossier. Tu y trouveras des informations précieuses pour mieux comprendre ton dossier.

À la fin de ton manuel, il y a trois sections qui te seront aussi très utiles. *Le vocabulaire géographique et historique de mon manuel* te donne la définition des mots les plus importants de ton manuel. Ces mots sont soulignés en bleu dans ton manuel. *Les personnages historiques de mon manuel* et *Les lieux historiques de mon manuel* présentent une liste de noms importants ainsi que le numéro des pages où l'on te donne de l'information sur le sujet.

Voilà, tu peux maintenant poursuivre ton voyage dans le passé. Nous te souhaitons d'avoir autant de plaisir à faire les projets que nous avons eu à les construire pour toi. C'est maintenant à toi de te mettre *Sur la piste...*

Brigitte, Marie-France, Chantal et Jacinthe

Voici la signification de l'avion de papier qui t'accompagne tout au long du dossier.

 L'avion qui décolle indique le départ de ton projet.

 L'avion qui atterrit indique le point d'arrivée de ton projet.

 L'avion qui virevolte indique le moment de ta présentation.

 L'avion qui fait un cercle indique le moment de revenir sur ce que tu as appris.

 L'avion stable, en position verticale, indique le moment de faire le bilan, à la fin du projet.

Des traces

Une seigneurie près du fleuve

La société canadienne en Nouvelle-France vers 1745

Aujourd'hui, au moulin de Beaumont, près de l'île d'Orléans, on fabrique encore du pain.

Le manoir de la seigneurie de Joly de Lotbinière, près de Québec, de nos jours.

des seigneuries

Aujourd'hui, des panneaux de signalisation portent encore des noms de seigneuries d'autrefois.

Un moulin à vent à l'Isle-aux-Coudres, de nos jours.

Dans les musées

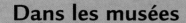

Une girouette (vers 1700).

Un pot à tisane (vers 1700).

Un objet religieux (vers 1740).

Un vêtement masculin (vers 1745).

Une fourche et un seau (vers 1760).

SUR LA PISTE

Vers 1745, environ 55 000 Canadiens vivent
sur le territoire de la Nouvelle-France.

Que sais-tu de la Nouvelle-France vers 1745 ? Utilise
les documents des pages 2 et 3 pour revenir sur
tes connaissances.

Carte I – La Nouvelle-France vers 1745.

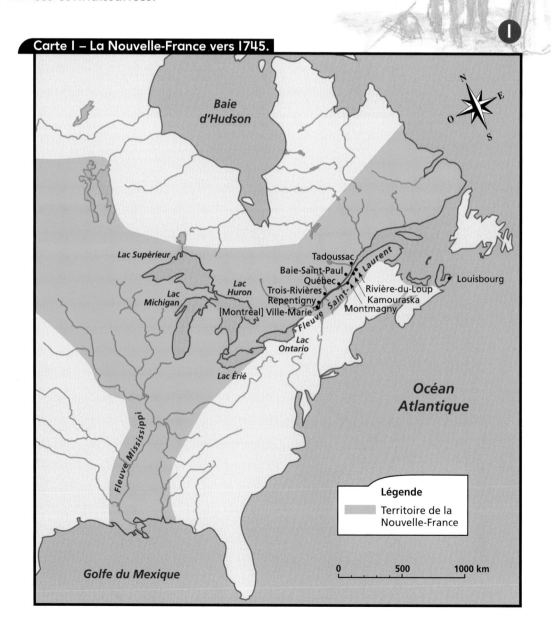

Les dirigeants de la Nouvelle-France en 1745 ②

Le roi

Le gouverneur   L'intendant

Les seigneurs

Les capitaines de la milice

Une place publique en Nouvelle-France vers 1745 ③

L'économie vers 1745 ④

Agriculture   Commerce des fourrures   Forges   Construction de bateaux

La majorité des Canadiens sont installés sur les rives du fleuve Saint-Laurent. Ils vivent dans des seigneuries, qui occupent la plus grande partie de ce territoire.

Le document ci-dessous illustre une seigneurie. L'illustration qui se trouve à droite montre cette même seigneurie vue d'en haut: c'est un plan.

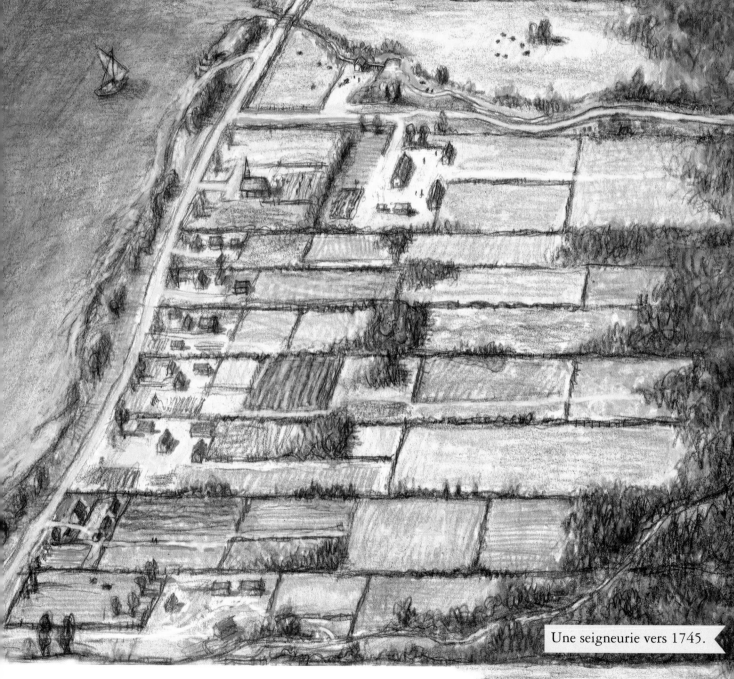

Une seigneurie vers 1745.

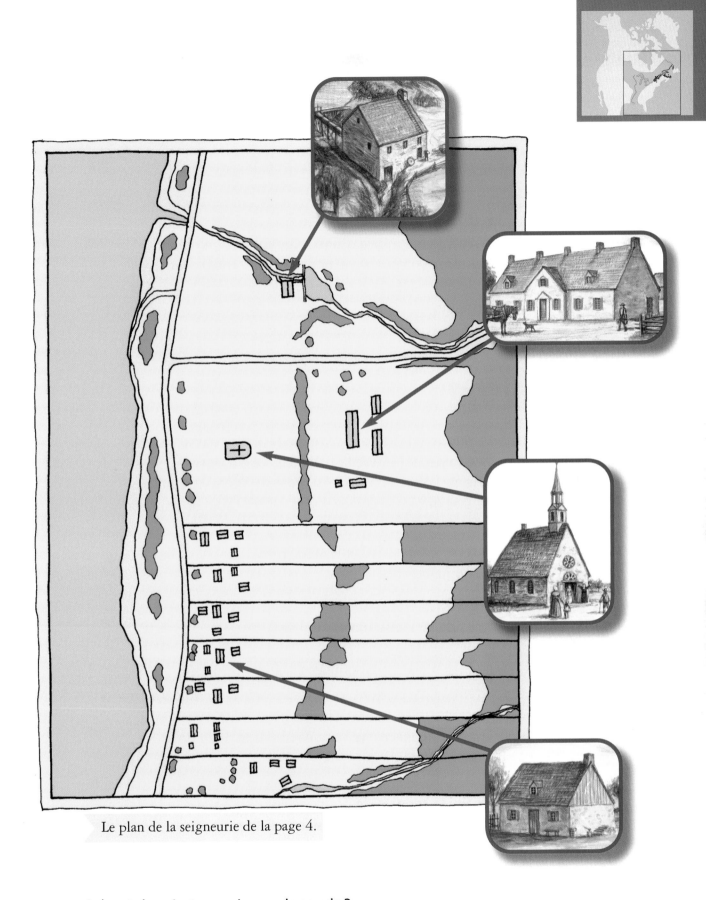

Le plan de la seigneurie de la page 4.

Selon toi, qu'est-ce qu'une seigneurie ?

Quelles sont les personnes qui vivent dans une seigneurie ?

Quel est le mode de vie de ces personnes ?

TON PROJET   La maquette d'une seigneurie

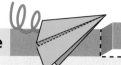

p. 110

En équipe, vous allez d'abord faire une recherche sur la vie dans une seigneurie en Nouvelle-France, vers 1745. Ensuite, vous réaliserez la maquette d'une seigneurie. Finalement, vous présenterez votre maquette à la classe et vous décrirez oralement le mode de vie des gens qui vivent dans cette seigneurie.

ENQUÊTE

1. Le texte *La seigneurie de Longchamp* a la forme d'une visite guidée. En équipe, consultez la fiche 1.1, «Bienvenue à la seigneurie de Longchamp!», qui présente les quatre étapes de la visite. Décidez ensemble qui sera responsable de chacune des étapes:

   • Chez Jean Déry, habitant de la seigneurie

   • La ferme de Jean

   • Le domaine du seigneur

   • Les terrains de la commune et l'église

2. Lis la section du texte; observe bien les illustrations qui correspondent à l'étape dont tu es responsable. Tu dois trouver des informations utiles à la réalisation de la maquette d'une seigneurie. Fais ta collecte de données à l'aide de la fiche 1.2, «La visite de la seigneurie».

3. Après avoir fini la collecte de données, lisez en équipe le texte «Les seigneuries de la Nouvelle-France», à la page 21.

La seigneurie de Longchamp

Voici à quelle page se trouve chaque section du texte.

Remarque. La seigneurie qui est décrite ici n'a jamais existé réellement, mais elle ressemble beaucoup aux seigneuries qui existaient dans la Nouvelle-France de 1745.

Lis ce texte afin de trouver les informations utiles pour la réalisation de la maquette d'une seigneurie.

Chez Jean Déry, habitant de la seigneurie

Notre visite commence par un coup d'œil sur la terre et la maison de Jean Déry. Comme beaucoup de Canadiens qui vivent en Nouvelle-France, Jean a reçu sa terre d'un seigneur. C'est le seigneur de Longchamp, le propriétaire de la seigneurie, qui lui a donné cette terre. Comme les autres habitants de la seigneurie, Jean doit remettre chaque année une partie de sa récolte ou une certaine somme d'argent au seigneur.

La terre

L a terre de Jean est située sur le bord du fleuve Saint-Laurent. Le long des rives du fleuve, le sol est particulièrement fertile. Quand Jean et sa femme Marie ont reçu leur terre, la forêt recouvrait presque tout. Il a fallu défricher la terre pour y construire une maison. Heureusement, d'autres habitants de la seigneurie ont aidé les Déry.

Grâce à la force des bœufs, on peut déraciner les souches.

La terre de Jean a la forme d'un rectangle. La partie de la terre qui donne sur le fleuve s'appelle le « front de terre ».

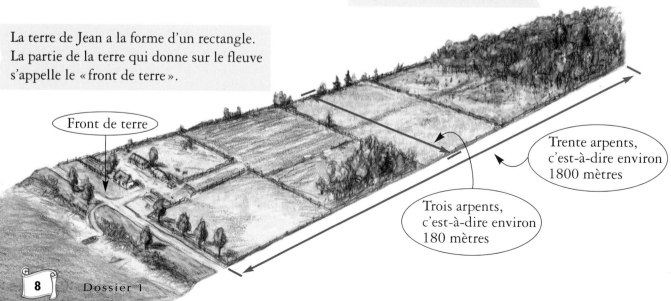

Front de terre

Trente arpents, c'est-à-dire environ 1800 mètres

Trois arpents, c'est-à-dire environ 180 mètres

Jean peut chasser sur sa terre. Il rapporte souvent du lièvre ou de l'oie sauvage. Il peut aussi pêcher dans le fleuve ou les rivières de la seigneurie.

La maison familiale

E ntrons maintenant dans la maison de la famille Déry. Elle comprend une salle commune et deux petites chambres. C'est dans la salle commune que la majorité des activités de la famille se déroulent. Neuf personnes vivent dans cette maison : Jean, Marie et leurs sept enfants. Vers 1745, les familles comptent beaucoup d'enfants : souvent sept, huit et même douze !

La maison a peu de fenêtres, car elles laissent entrer le froid. D'ailleurs, les vitres sont rares vers 1745 et elles

La maison familiale est en bois et en pierre.

coûtent cher. Pour les remplacer, on utilise du papier épais recouvert de cire. La plupart du temps, la maison est sombre. Quand c'est nécessaire, on éclaire la salle avec des lampes à huile ou des chandelles fabriquées avec du suif ou de la cire d'abeille. Le suif est de la graisse animale.

La salle commune est meublée simplement et peu décorée.

Un bougeoir qui date de l'époque des seigneuries.

Les habitants adaptent leurs activités à la durée du jour. L'été, par exemple, ils se lèvent très tôt pour profiter de la lumière.

L'âtre

*A*rrêtons-nous quelques instants dans la salle commune, près de l'âtre. À l'époque des seigneuries, le feu brûle très souvent dans l'âtre, car on en a besoin pour faire la cuisine et réchauffer la maison.

Heureusement, le bois ne manque pas en Nouvelle-France! L'hiver, on installe un poêle en fonte devant l'âtre. La chaleur se conserve mieux ainsi. La salle est la seule pièce de la maison qui est chauffée.

C'est près de l'âtre que la famille et les amis se réunissent lors des veillées. Jean et Marie sont des gens sociables et

L'âtre est un gros foyer.

accueillants. À certaines occasions, ils reçoivent d'autres habitants. Pendant ces veillées, on chante et on joue à des jeux de société comme les cartes, les dames et les dés.

Le poêle en fonte pour l'hiver.

Le four à pain

En sortant de la maison, remarquez le four à pain. Il se trouve près de la maison, car il doit être facile d'accès, même en hiver.

Vers 1745, on mange du pain à chaque repas : le pain est l'aliment de base des Canadiens. Deux fois par semaine, Marie Déry cuit le pain nécessaire à la famille. Elle utilise une longue perche de bois pour mettre le pain au four et l'en sortir. Pour conserver le pain, elle le place dans un meuble appelé «huche».

Les portes du four à pain sont en fer.

Des voisines viennent faire cuire leur pain dans le four des Déry, car certaines familles de la seigneurie ne possèdent pas de four à pain.

Un four à pain, comme on en trouvait à l'époque des seigneuries.

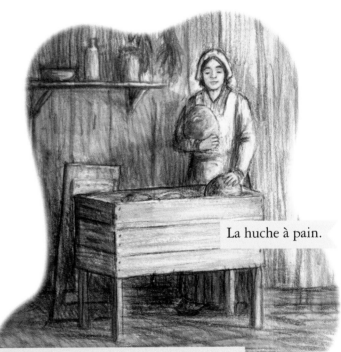

La huche à pain.

COLLECTE DE DONNÉES

Cette étape de la visite à la seigneurie de Longchamp est terminée. Fais ta collecte de données à l'aide de ta fiche 1.2, «La visite de la seigneurie».

Lis ce texte pour trouver les informations utiles pour la réalisation de la maquette d'une seigneurie.

La ferme de Jean

Voici la ferme de Jean Déry. Jean cultive sa terre et élève des animaux. La ferme comprend des bâtiments : une étable, une grange et une laiterie. Elle comprend aussi un potager et des champs. Avec l'aide de ses voisins, Jean a construit les bâtiments en utilisant le bois coupé sur sa terre.

L'étable

C'est dans l'étable que les animaux logent l'hiver. La famille Déry possède trois vaches. Deux bœufs servent aux durs travaux des champs. Les Déry élèvent aussi quelques porcs. Chaque automne, Jean en tue deux ou trois pour faire des jambons, des saucisses et du boudin. Quelques moutons fournissent la laine que Marie et ses filles utilisent pour confectionner des vêtements chauds. Les poules donnent des œufs, ce qui permet de varier les menus quotidiens. Comme presque tous les Canadiens à l'époque des seigneuries,

Jean est propriétaire d'un cheval. Grâce à lui, toute la famille peut se déplacer en charrette l'été et en carriole l'hiver.

Aux débuts de la colonie, on ne trouvait pas ces animaux en Nouvelle-France. Peu à peu, on les a fait venir de France par bateau.

La grange

La grange est un bâtiment d'entreposage. On y conserve les produits de la récolte : le foin pour nourrir les animaux durant l'hiver et les céréales nécessaires à l'alimentation de la famille Déry, le blé principalement. On y range aussi les

L'étable abrite les animaux de la ferme.

La grange est en bois.

instruments qui servent à cultiver la terre : pioche, bêche, faucille et fléau. Vers 1745, les Canadiens fabriquent eux-mêmes plusieurs de leurs outils.

Chaque année à la fin des récoltes, quand le blé est rentré dans les granges, les habitants de la seigneurie organisent une fête. C'est l'occasion de se réjouir après les longues journées de travail dans les champs.

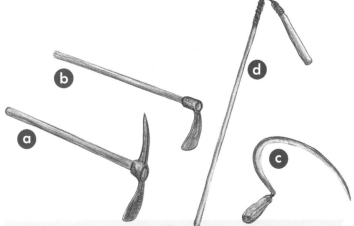

La pioche **a** et la bêche **b** servent à creuser la terre. La faucille **c** sert à couper le foin. Le fléau **d** sert à battre les céréales pour en récolter les grains.

La fête après les récoltes.

0   500   1000   1500   2000

La laiterie

À coté de l'étable, un petit bâtiment en bois attire l'attention. Il s'agit de la laiterie.

Après la traite des vaches, les enfants vont dans la laiterie vider les seaux de lait dans de grands contenants. C'est là aussi que l'on sépare la crème du lait. À cette époque, on fabrique soi-même son beurre et son fromage. Certains habitants n'ont pas de laiterie; ils conservent le lait dans le coin le plus frais de la maison.

Des légumes et des fruits de la Nouvelle-France.

Les champs

Non loin des bâtiments de la ferme, vous pouvez apercevoir les champs cultivés. Ils s'étendent jusqu'au bois. Jean Déry cultive du blé, des pois, de l'orge et du lin. Il fait moudre les grains de blé au moulin de la seigneurie. Toute la famille participe aux tâches agricoles.

Les premières années dans la seigneurie ont été difficiles pour les Déry. La famille n'a pas toujours mangé à sa faim à cause du manque de provisions. Il a fallu du courage et de la persévérance pour s'adapter aux conditions de vie en Nouvelle-France. Mais, vers 1745, les Déry fabriquent presque tout ce qui est nécessaire à leurs besoins. Ils vendent même leurs surplus agricoles au marché. Ils se rendent au marché en empruntant le fleuve ou le chemin qui longe le fleuve. Ils vendent leurs

La laiterie est en bois.

Le potager

Près de la maison, la famille cultive un potager. Il y pousse de bons légumes nécessaires à l'alimentation. Tout à côté, Jean a planté quelques pommiers, un prunier et un cerisier.

produits et achètent ce qu'ils ne fabriquent pas eux-mêmes : du sucre ou de la mélasse et divers outils en fer.

Les champs, avant l'hiver.

COLLECTE DE DONNÉES

Cette étape de la visite à la seigneurie de Longchamp est terminée. Fais ta collecte de données en utilisant ta fiche 1.2, « La visite de la seigneurie ».

Lis ce texte pour trouver les informations utiles pour la réalisation de la maquette d'une seigneurie.

Le domaine du seigneur

Une partie de la seigneurie est réservée au seigneur et à sa famille: c'est le domaine du seigneur. On y trouve deux bâtisses importantes: le manoir et le moulin.

Le manoir est en pierre.

Le manoir

Entrons d'abord dans le manoir. Le manoir est la résidence du seigneur, monsieur de Longchamp.

Il y a plusieurs pièces: une grande salle qui sert de bureau, une vaste cuisine, une chambre à coucher pour le

La grande salle du manoir.

seigneur et sa femme ainsi que d'autres chambres plus petites, pour les enfants ou les invités. L'intérieur comporte de beaux meubles, dont certains viennent de France.

Ces meubles datent du temps des seigneuries.

C'est au domaine du seigneur que se déroule l'une des grandes fêtes de l'époque, qui a lieu le premier mai. Voici ce qui se passe. Les habitants de la seigneurie abattent une grande épinette. Ils enlèvent l'écorce et les branches de l'arbre, sauf quelques-unes au sommet. Puis, deux d'entre eux se rendent au manoir pour demander au seigneur la permission de «planter le mai», c'est-à-dire de planter l'épinette devant le manoir.

Tous les habitants de la seigneurie sont invités à un grand repas. Pendant ces réjouissances, chaque homme assez vieux pour avoir un fusil va «noircir le mai» en tirant des balles sur le tronc de l'arbre. C'est le seigneur qui tire les premières balles. À la fin du repas, on danse autour de l'arbre noirci. Cette fête est l'occasion pour les habitants d'honorer leur seigneur. C'est une tradition très ancienne.

La plantation du mai est une tradition qui remonte à très longtemps.

Le seigneur et sa femme ont aussi d'autres occasions de se divertir. Ils se rendent parfois à la ville pour assister à des bals ou à des soupers.

Le moulin

À l'époque des seigneuries, le moulin est un bâtiment très important. C'est là qu'on transforme les grains des céréales en farine. Avec la farine, on fabrique le pain, qui est la base de l'alimentation. La personne qui fait fonctionner le moulin s'appelle le «meunier».

C'est le seigneur qui a fait construire le moulin au bord d'une rivière. Tous les habitants de la seigneurie doivent apporter leur récolte de céréales au moulin et laisser une portion de la farine obtenue au seigneur.

Le moulin à eau. Il fonctionne grâce à la force du courant.

COLLECTE DE DONNÉES

Cette étape de la visite à la seigneurie de Longchamp est terminée. Fais ta collecte de données à l'aide de ta fiche 1.2, «La visite de la seigneurie».

Lis le texte pour trouver les informations utiles pour la réalisation de la maquette d'une seigneurie.

Les terrains de la commune et l'église

En quittant le moulin, on peut voir les terrains de la commune et l'église.

Les terrains de la commune

Les terrains de la commune sont des terres qui servent à tous les habitants de la seigneurie. Quand un nouvel habitant arrive, souvent sa ferme n'est pas prête; il peut alors faire brouter ses bêtes dans les terrains de la commune. C'est le seigneur qui en choisit l'emplacement. C'est là aussi que la milice fait ses exercices d'entraînement.

L'église

Nous voici devant l'église, là où les cérémonies religieuses se déroulent. L'église est un bâtiment très important à l'époque des seigneuries. En effet, vers 1745, presque tous les Canadiens sont catholiques. La religion fait partie de la vie de tous les jours.

Les enfants, même très jeunes, vont à l'église régulièrement. Ils connaissent parfaitement le catéchisme, même s'ils savent à peine lire et écrire.

Devant l'église, les habitants de la seigneurie se rencontrent, échangent des nouvelles et font même parfois du commerce.

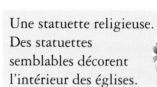

Une statuette religieuse. Des statuettes semblables décorent l'intérieur des églises.

autel

bancs

fenêtres

entrée

Le plan de l'église est très simple.

L'intérieur de l'église est occupé par des bancs. À cette époque, le seigneur et sa famille ont leur banc réservé tout à l'avant de l'église. Les murs sont décorés principalement avec du bois peint. Il y a aussi des sculptures et des peintures qui représentent des personnages religieux. Les objets qui servent aux cérémonies religieuses sont souvent en métal précieux comme l'argent.

L'église est construite en pierre.

COLLECTE DE DONNÉES

Cette étape de la visite à la seigneurie de Longchamp est terminée. Fais ta collecte de données à l'aide de ta fiche 1.2, « La visite de la seigneurie ».

Les seigneuries de la Nouvelle-France

Pourquoi des seigneuries?

Carte 2 – Les seigneuries en Nouvelle-France vers 1745.

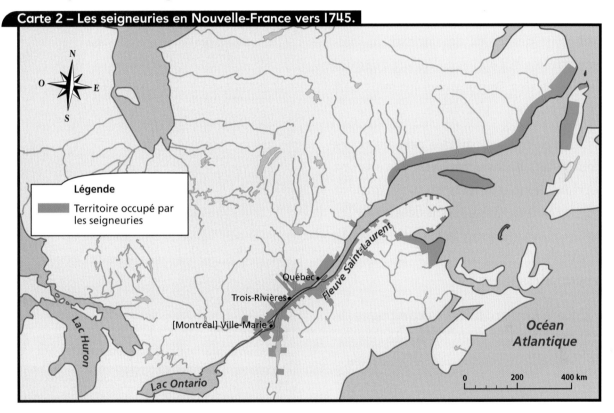

Légende
Territoire occupé par les seigneuries

Québec
Trois-Rivières
[Montréal] Ville-Marie

Fleuve Saint-Laurent

Lac Huron
Lac Ontario

Océan Atlantique

0   200   400 km

O bserve la carte ci-dessus. Tu remarqueras que, vers 1745, une partie importante du territoire de la Nouvelle-France était divisée en seigneuries. Les seigneuries étaient elles-mêmes divisées en plusieurs terres que l'on distribuait à des colons. Ce système de division de la terre s'appelle le «régime seigneurial». Le régime seigneurial a été mis sur pied en Nouvelle-France pour encourager le peuplement et développer l'agriculture. En effet, on attirait les personnes qui voulaient venir s'installer en Nouvelle-France en leur donnant gratuitement une terre. Par la suite, grâce au travail fourni par ces colons, le territoire était défriché et exploité. Le régime seigneurial est inspiré d'un modèle qui existait en France autrefois.

Dans une seigneurie, comment les terres sont-elles divisées ?

Sur l'illustration de la page 4, tu as remarqué que les terres sont divisées en rectangles longs et étroits qui font face à un cours d'eau. Vers 1745, la Nouvelle-France compte une seule route : le Chemin du roi. Les cours d'eau sont donc des voies de communication essentielles à l'époque. Voilà pourquoi les terres des seigneuries longent soit un fleuve, soit une rivière.

Les maisons sont bâties près du cours d'eau ; les champs cultivés s'étendent derrière les bâtiments et se terminent par des boisés. Cette façon de diviser les terres a transformé le territoire de la Nouvelle-France et lui a donné un aspect particulier.

Encore aujourd'hui, à la campagne, la présence des terres en forme de rectangle rappelle le temps des seigneuries.

Vue aérienne de la seigneurie de Saint-Marc-sur-Richelieu aujourd'hui.

Qui peut posséder une seigneurie ?

Aux premiers temps de la colonie, beaucoup de seigneuries sont accordées à des nobles. Les nobles sont des personnes que le roi a choisies ; elles ont des droits particuliers que les autres personnes n'ont pas. Les nobles occupent souvent des postes de commandement dans le gouvernement ou dans l'armée.

Les seigneuries pouvaient aussi appartenir à des regroupements de religieux. Ainsi, l'île de Montréal appartenait à la communauté des Sulpiciens.

Plusieurs officiers militaires ont obtenu des seigneuries en remerciement de leurs actions. Les seigneuries de Varennes, de Verchères et de Sorel portent le nom de ces officiers.

Plus rarement, des marchands, des commerçants ou même de simples habitants sont devenus propriétaires de seigneuries, comme Nicolas Riou, à Trois-Pistoles.

Quelques explorateurs ont reçu une seigneurie en récompense: Charles Le Moyne a obtenu la seigneurie de Longueuil, par exemple.

Quels sont les droits et les devoirs dans une seigneurie?

L'habitant d'une seigneurie et le seigneur ont certains droits et devoirs.

Lachenaie, Terrebonne, Repentigny, Le Gardeur: ces panneaux de signalisation d'aujourd'hui portent des noms de seigneuries d'autrefois.

L'habitant d'une seigneurie
Ses droits
Recevoir une terre.
Couper du bois sur sa terre; chasser et pêcher.
Utiliser les terrains de la commune.
Ses devoirs
Cultiver la terre qu'il a reçue.
Construire une maison et l'habiter.
Payer une certaine somme d'argent au seigneur ou lui donner une petite partie de la récolte.
Faire moudre sa récolte au moulin et remettre une partie de la farine obtenue au seigneur.
Participer à des travaux communautaires: par exemple, entretenir les chemins et construire des clôtures.
Faire partie de la milice.

Le seigneur
Ses droits
Exiger une certaine somme d'argent ou une petite partie de la récolte des habitants.
Prendre une partie de la farine moulue dans son moulin.
Chasser, pêcher et couper du bois sur la terre de ses habitants.
Exiger quelques travaux communautaires obligatoires, comme l'entretien du moulin.
Ses devoirs
Peupler sa seigneurie: fournir des terres aux personnes qui veulent s'y établir.
Faire construire le moulin.
Faire cultiver sa terre.
Mettre des terrains communs à la disposition de tous les habitants.

On appelle parfois les habitants d'une seigneurie des « censitaires ». Le nom vient du mot « cens », qui désigne ce que les habitants doivent donner au seigneur.

Après avoir lu le texte « Les seigneuries de la Nouvelle-France », retourne à ta fiche 1.2, « La visite de la seigneurie ».

As-tu découvert de nouveaux éléments lors de cette lecture ? Serait-il intéressant de les ajouter dans les commentaires ? dans la maquette ? dans la description des personnages ou de leurs activités ?

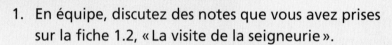

TON PROJET

p. 110-111

1. En équipe, discutez des notes que vous avez prises sur la fiche 1.2, « La visite de la seigneurie ».

2. Décidez ensemble des éléments que vous allez représenter visuellement dans votre maquette.

3. Planifiez la réalisation de votre maquette.
   - Préparez le plan sur du papier quadrillé.
   - Faites une liste du matériel à prévoir.
   - Partagez les tâches nécessaires à la réalisation.

4. Réalisez votre maquette.

5. En équipe, mettez en commun les commentaires notés sur la fiche 1.2, « La visite de la seigneurie ».

6. Rédigez vos commentaires à l'aide de la fiche 1.3, « Rédiger des commentaires ».

PRÉSENTATION

Chaque équipe présente sa maquette en expliquant le mode de vie des personnes qui vivent dans la seigneurie.

SYNTHÈSE

Avec ton enseignante ou ton enseignant, fais le point sur tes nouvelles connaissances.

1. Décris une seigneurie en Nouvelle-France vers 1745.

2. Précise comment les gens y vivaient.

3. Explique les droits et les devoirs du seigneur et des habitants de la seigneurie.

4. Exprime dans tes mots comment les Canadiens ont su utiliser les avantages du territoire. Décris aussi quelles étaient leurs principales difficultés.

5. Qu'est-ce qui nous rappelle encore aujourd'hui le temps des seigneuries ?

BILAN

1. As-tu eu une idée originale pour la réalisation de la maquette ? Décris-la.

2. Nomme des éléments qui ont facilité le partage des tâches dans ton équipe.

3. Nomme des éléments qui ont rendu difficile le partage des tâches dans ton équipe.

Des personnages importants

En Nouvelle-France, de 1645 à 1745

Des traces

Une famille d'aujourd'hui, dont l'ancêtre était une fille du roi.

Le pont Jacques-Cartier à Montréal de nos jours.

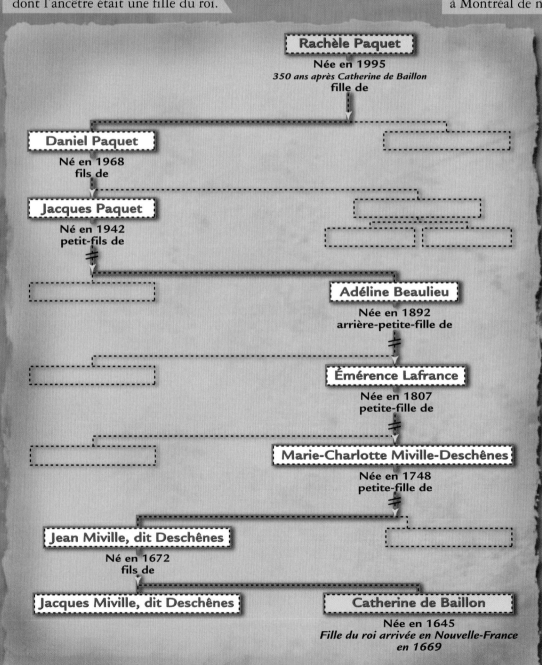

Rachèle Paquet
Née en 1995
350 ans après Catherine de Baillon
fille de

Daniel Paquet
Né en 1968
fils de

Jacques Paquet
Né en 1942
petit-fils de

Adéline Beaulieu
Née en 1892
arrière-petite-fille de

Émérence Lafrance
Née en 1807
petite-fille de

Marie-Charlotte Miville-Deschênes
Née en 1748
petite-fille de

Jean Miville, dit Deschênes
Né en 1672
fils de

Jacques Miville, dit Deschênes

Catherine de Baillon
Née en 1645
Fille du roi arrivée en Nouvelle-France en 1669

de personnages de la Nouvelle-France

aujourd'hui

La station de métro Radisson aujourd'hui, à Montréal.

L'actuelle croix du mont Royal à Montréal rappelle la croix plantée par Maisonneuve en 1643.

Dans les musées

Une médaille de Saint-Louis, donnée par le roi de France au gouverneur Frontenac vers 1695.

Un mortier pour préparer des médicaments à l'Hôtel-Dieu de Montréal (vers 1645).

Un casse-tête de guerrier iroquoien (vers 1645).

Une épée semblable à celle portée par les gouverneurs de la Nouvelle-France vers 1700.

Cet astrolabe appartenait peut-être à Champlain (vers 1620).

Un objet religieux (vers 1745).

SUR LA PISTE

Prends connaissance des photos de cette page ainsi que des légendes qui les accompagnent.

Le quartier Petit Champlain à Québec.

L'école primaire Champlain à Champlain, près de Trois-Rivières.

Le pont Champlain relie l'île de Montréal à la rive sud du fleuve Saint-Laurent.

1. Qu'est-ce que ces photos ont en commun ?

2. Que sais-tu sur Samuel de Champlain ?

Consulte la capsule « Comment peut-on savoir... ? » à la page 58.

3. Selon toi, pourquoi des constructions, des monuments et des lieux portent-ils le nom de Champlain ?

Pour compléter tes connaissances sur Champlain, lis le texte qui suit.

Le monument Champlain à Québec.

Samuel de Champlain

Un géographe et un navigateur

S amuel de Champlain est né à Brouage, en France, vers 1570. Il s'intéresse très jeune à la navigation et à l'exploration. Il devient géographe et cartographe. Un cartographe dessine des cartes géographiques. Puis il commence à naviguer.

En 1604, Champlain se joint à l'expédition de Pierre De Gua de Monts vers la Nouvelle-France. Il doit tracer des cartes

Samuel de Champlain. Ce portrait a été réalisé longtemps après la mort de Champlain. On ne connaît pas le vrai visage de ce personnage historique.

Vers 1600, les explorateurs traversaient l'océan sur des bateaux semblables à celui-ci.

des territoires découverts pour le roi de France. Les membres de l'expédition passent l'hiver en Amérique du Nord, dans l'île Sainte-Croix. Une année plus tard, Champlain s'installe avec ses compagnons à Port-Royal, en Acadie. Il y habite tout en continuant ses explorations. Deux ans plus tard, il rentre en France.

La fondation de Québec

En 1608, Champlain revient en Nouvelle-France avec 25 compagnons.

Il explore cette fois les rives du fleuve Saint-Laurent. Il fonde Québec. Il continue ses expéditions et se rend jusqu'à l'actuel lac Champlain.

Champlain trace des cartes et fait des dessins représentant les lieux qu'il visite.

Rue de Champlain

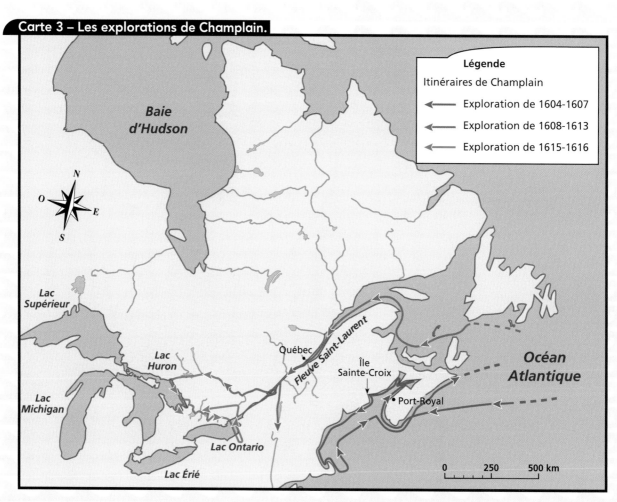

Carte 3 – Les explorations de Champlain.

Baie d'Hudson

Légende
Itinéraires de Champlain
Exploration de 1604-1607
Exploration de 1608-1613
Exploration de 1615-1616

Lac Supérieur

Lac Huron

Québec

Fleuve Saint-Laurent

Île Sainte-Croix

Océan Atlantique

Lac Michigan

Port-Royal

Lac Ontario

Lac Érié

0   250   500 km

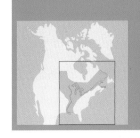

De plus, il raconte ses expéditions dans un journal. C'est pourquoi nous connaissons aujourd'hui beaucoup de détails sur ses voyages et ses découvertes.

Champlain meurt à Québec le 25 décembre 1635. Encore aujourd'hui, certains historiens disent de ce grand explorateur qu'il est le père de la Nouvelle-France. Champlain a découvert de nouveaux territoires. Il a fondé Québec et marqué ainsi le début d'une véritable présence française dans la vallée du Saint-Laurent. C'est grâce à Samuel de Champlain que la colonie française de la Nouvelle-France peut commencer à se développer.

Au parc du Bic, dans le Bas-du-Fleuve.

Maintenant que tu connais mieux Champlain, comment expliques-tu qu'on trouve aujourd'hui de nombreuses traces de ce personnage dans la société ?

Aujourd'hui, on trouve des traces de plusieurs personnages historiques qui ont contribué à faire changer la Nouvelle-France. D'après toi, qui sont ces personnages ? Comment ont-ils contribué à faire changer la Nouvelle-France ?

TON PROJET   **Le jeu des personnages**

Tout d'abord, tu vas faire une recherche sur la vie d'un personnage qui a joué un rôle important en Nouvelle-France. Ensuite, en équipe, vous réaliserez un jeu sur ce personnage historique. Finalement, vous présenterez votre jeu à la classe.

 ENQUÊTE

Voici d'autres personnages historiques de la Nouvelle-France.

Remarque. Certains de ces portraits ont été réalisés longtemps après la mort des personnages représentés et ont peut-être été tout simplement imaginés.

Louis Hébert et Marie Rollet

Paul de Chomedey de Maisonneuve

Jeanne Mance

Monseigneur de Laval

Marguerite Bourgeoys

Pierre-Esprit Radisson

René Robert Cavelier de La Salle

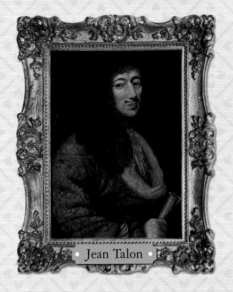

Jean Talon

Louis de Buade de Frontenac

Kondiaronk

1. Fais le tour de cette galerie de portraits et choisis le personnage que tu aimerais présenter au reste de la classe.

2. Après avoir choisi ton personnage, forme une équipe avec les élèves qui ont fait le même choix que toi.

3. Lis le texte et observe les illustrations qui concernent ton personnage. Au cours de ta lecture, remplis la fiche 2.1, « Mon personnage historique », en y notant les points suivants :

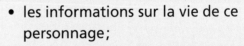

- les informations sur la vie de ce personnage ;
- les traces de ce personnage que l'on peut voir aujourd'hui dans la société (des lieux, des bâtiments, des monuments, des objets) ;
- une action que ce personnage a réalisée et qui a contribué à faire changer la Nouvelle-France.

Gilles Hocquart

p. 112

Avant de te mettre à la tâche, assure-toi d'avoir bien compris tout ce qu'il y a à faire.

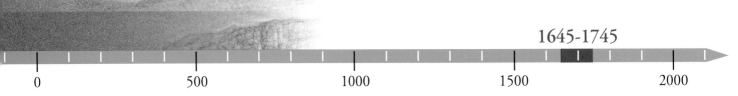

1645-1745

0 500 1000 1500 2000

Voici à quelle page tu trouveras les différents textes de lecture.

Lis ce texte pour trouver les informations qui te sont demandées à la page 33.

Louis Hébert et Marie Rollet

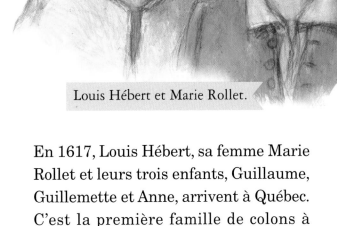

Louis Hébert et Marie Rollet.

Les premiers colons

Louis Hébert pratique le métier d'apothicaire à Paris, en France. L'apothicaire est l'ancêtre du pharmacien. Entre 1603 et 1613, Louis Hébert participe à trois expéditions en Amérique du Nord. Quelques années plus tard, Samuel de Champlain le persuade de venir s'installer à Québec avec sa famille.

En 1617, Louis Hébert, sa femme Marie Rollet et leurs trois enfants, Guillaume, Guillemette et Anne, arrivent à Québec. C'est la première famille de colons à s'installer définitivement en Nouvelle-France.

Louis Hébert; monument à la mémoire de la famille Hébert.

Rue **Hébert**
(Louis) premier colon canadien (1575-1627)

La rue Hébert, à Québec.

Les premières cultures

Les premières années sont difficiles pour les nouveaux colons. Pour survivre, il faut défricher, construire une maison et affronter les hivers rigoureux. Peu à peu, les Hébert s'adaptent à leur nouvel environnement. Ils sont les premiers colons à cultiver du blé en Nouvelle-France. Ils entretiennent de bonnes relations avec les Amérindiens, qui leur montrent comment cultiver le maïs.

Au début de l'hiver 1627, Louis Hébert fait une mauvaise chute sur la glace. Il meurt le 25 janvier, à l'âge de 52 ans.

Marie Rollet ; monument à la mémoire de la famille Hébert.

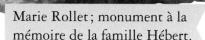
Pour la première fois, du blé pousse en Nouvelle-France.

Sa femme Marie décide de demeurer en Nouvelle-France avec ses enfants. Elle aide à soigner les malades et les blessés et enseigne aux petites Amérindiennes. Elle mourra en 1649.

En s'installant à Québec, Louis Hébert et Marie Rollet ont prouvé qu'il était possible de vivre en Nouvelle-France. Leur courage a servi d'exemple à d'autres familles qui sont venues peupler la Nouvelle-France.

Lis ce texte pour trouver les informations qui te sont demandées à la page 33.

Paul de Chomedey de Maisonneuve

Une mission religieuse

Paul de Chomedey de Maisonneuve est né en 1612, en France. À 13 ans, il choisit de joindre l'armée. Plus tard, il devient officier.

En 1641, la Société de Notre-Dame lui confie une mission : aller fonder un établissement religieux en Nouvelle-France. La Société de Notre-Dame est un regroupement de personnes qui, à partir de la France, s'occupent d'évangéliser les Amérindiens. L'établissement qu'il doit fonder s'appellera Ville-Marie en l'honneur de Marie, la mère de Jésus.

Paul de Chomedey de Maisonneuve.

Maisonneuve s'embarque donc le 9 mai 1641 au port de La Rochelle, en France. Une cinquantaine de personnes l'accompagnent dans ce voyage vers la Nouvelle-France.

Le parc Maisonneuve à Montréal.

Le monument à la mémoire de Paul de Chomedey de Maisonneuve à Montréal.

Ce plan de Ville-Marie date de 1642.

La fondation de Ville-Marie

En cours de route, le navire doit s'arrêter à Québec. En effet, le fleuve Saint-Laurent est gelé, et c'est la seule voie de communication pour se rendre dans l'île de Montréal. L'expédition doit donc attendre le printemps pour repartir.

L'arrivée à la pointe à Callière, sur l'île de Montréal, a lieu le 17 mai 1642. Maisonneuve fonde Ville-Marie le lendemain. La présence de cet établissement religieux représente un changement important pour la Nouvelle-France: le territoire s'agrandit, la population augmente et les colons ont droit à des services religieux.

Maisonneuve est gouverneur de Ville-Marie de 1642 à 1665. Il retourne ensuite en France, où il meurt en 1676.

Lis ce texte pour trouver les informations qui te sont demandées à la page 33.

Jeanne Mance

Jeanne Mance.

Un hôpital pour la Nouvelle-France

Jeanne Mance est née en 1606 à Langres, en France. Très tôt, elle s'occupe des pauvres et des malades.

Les habitations Jeanne-Mance à Montréal.

En 1641, elle apprend que la Société de Notre-Dame vient de charger Maisonneuve d'une mission : fonder en Nouvelle-France un établissement religieux qui s'appellera Ville-Marie. La Société de Notre-Dame regroupe des personnes qui, à partir de la France,

s'occupent d'évangéliser les Amérindiens. Comme ce projet intéresse beaucoup Jeanne Mance, elle propose de se joindre à l'expédition.

L'école secondaire Jeanne-Mance à Montréal.

Ainsi, à l'âge de 35 ans, la jeune femme s'embarque avec Maisonneuve et ses compagnons. Le groupe arrive dans l'île de Montréal le 17 mai 1642. Ville-Marie est fondée dès le lendemain.

L'année suivante, Jeanne Mance fait construire une maison qui sert d'hôpital. Cet hôpital s'appelle l'Hôtel-Dieu.

L'Hôtel-Dieu de Montréal aujourd'hui.

Obtenir de l'aide pour Ville-Marie

Jeanne Mance soigne des colons français et des Amérindiens. À partir de 1643, les batailles entre Français et Iroquois se multiplient dans l'île de Montréal. La jeune femme retourne en France afin d'obtenir de l'aide pour la colonie. Elle revient avec de l'argent et des hommes pour défendre et développer Ville-Marie.

L'hôpital qu'elle a fondé s'agrandit. En 1659, elle se rend de nouveau en France et ramène des assistantes qui travailleront à l'Hôtel-Dieu. Elle dirigera l'hôpital jusqu'à sa mort, le 18 juin 1673.

Pendant plus de trente ans, Jeanne Mance a soigné et encouragé les habitants de Ville-Marie. La Nouvelle-France lui doit la fondation du premier hôpital à Ville-Marie.

L'Hôtel-Dieu de Montréal en 1645 ressemblait peut-être à ce dessin qui a été fait beaucoup plus tard.

Lis ce texte pour trouver les informations qui te sont demandées à la page 33.

Monseigneur de Laval

Le premier évêque de Nouvelle-France

Monseigneur de Laval.

François de Montmorency de Laval est né en France en 1623. Il veut se consacrer au développement de la religion catholique dans le monde. La colonie française de Nouvelle-France a besoin d'un évêque, c'est-à-dire d'un représentant de l'Église chargé de diriger la vie religieuse. François de Montmorency de Laval devient le premier évêque de Nouvelle-France. Il prend alors le titre de monseigneur de Laval.

L'Université Laval à Québec aujourd'hui.

Le Séminaire de Québec

$\mathcal{M}$onseigneur de Laval débarque à Québec en 1659. En 1667, il fonde le Séminaire de Québec. C'est un établissement où l'on forme les jeunes hommes qui veulent devenir prêtres. Les prêtres se consacrent à la religion et organisent la vie religieuse des colons.

Le Séminaire de Québec aujourd'hui.

Les responsables du Séminaire s'occupent aussi de gérer les paroisses. Une paroisse regroupe des familles dont la vie religieuse est dirigée par un même prêtre. Un prêtre qui dirige une paroisse s'appelle un curé. En 1680, on compte une trentaine de paroisses sur le territoire de la Nouvelle-France. Pour permettre aux curés de subvenir à leurs besoins, monseigneur de Laval met en place, comme en France, le système de la dîme. La dîme est une sorte d'impôt qui oblige les habitants d'une paroisse à donner chaque année à leur curé une petite partie de leur récolte.

Avec les dirigeants de la Nouvelle-France

$\mathcal{M}$onseigneur de Laval participe aux réunions du Conseil de Québec. Le Conseil regroupe les dirigeants de la colonie. Monseigneur de Laval joue donc aussi un rôle politique important. Par exemple, c'est lui qui persuade le roi de France d'interdire la vente de l'eau-de-vie aux Amérindiens. L'eau-de-vie est un alcool qui sert de monnaie d'échange lors du commerce des fourrures.

François de Montmorency de Laval, évêque de Québec, meurt à l'âge de 85 ans. Il a eu une influence importante sur l'organisation religieuse et sociale de la Nouvelle-France. On lui doit la fondation du Séminaire de Québec, la formation de prêtres et la création de paroisses.

L'école «Mgr Laval».

Lis ce texte pour trouver les informations qui te sont demandées à la page 33.

Marguerite Bourgeoys

Marguerite Bourgeoys.

Une école à Ville-Marie, en Nouvelle-France

Marguerite Bourgeoys est née à Troyes, en France, le 17 avril 1620. Vers l'âge de 20 ans, elle devient religieuse. Elle rencontre la sœur du gouverneur de Ville-Marie. C'est alors qu'elle prend la décision d'aller enseigner en Nouvelle-France.

La religieuse s'embarque donc en 1653. Son but est d'ouvrir une école à Ville-Marie. À son arrivée, elle aide d'abord Jeanne Mance à soigner les malades car à cette époque, les colons n'ont pas d'enfants en âge d'aller à l'école. C'est en 1658 que Marguerite Bourgeoys peut enfin ouvrir la première école de Ville-Marie. Elle apprend à lire, à écrire et à compter aux enfants des colons et à quelques Amérindiens. Elle fait aussi de l'enseignement religieux et montre aux filles à coudre et à cuisiner.

La première école de Ville-Marie se trouvait dans un bâtiment en pierre qui avait servi d'étable.

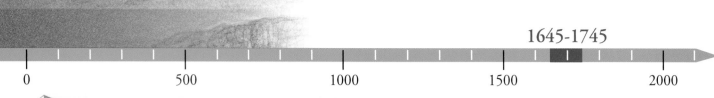

0 500 1000 1500 2000

L'école Marguerite-Bourgeoys
à Montréal aujourd'hui.

Accueillir les filles du roi

D e 1668 à 1673, Marguerite Bourgeoys est chargée d'accueillir les filles du roi qui viennent s'établir à Ville-Marie. Les filles du roi sont des jeunes femmes envoyées par le roi de France pour se marier avec des colons de la Nouvelle-France et peupler la colonie. Marguerite Bourgeoys les reçoit à sa maison, la maison Saint-Gabriel. Elle les aide à s'adapter à leur nouvelle vie dans la colonie. Marguerite se rend en France pour recruter des assistantes. Elle leur apprend le métier d'enseignante. Après sa mort, qui survient le 12 janvier 1700, ces assistantes poursuivent son œuvre.

C'est grâce à Marguerite Bourgeoys que l'éducation des enfants se développe en Nouvelle-France.

La maison Saint-Gabriel
à Montréal aujourd'hui.

Lis ce texte pour trouver les informations qui te sont demandées à la page 33.

Pierre-Esprit Radisson

Pierre-Esprit Radisson.

Chez les Amérindiens

Pierre-Esprit Radisson est né en France, en 1636. À 15 ans, il vient rejoindre des membres de sa famille déjà installés à Trois-Rivières, en Nouvelle-France. Le jeune Pierre-Esprit est capturé par des Amérindiens. Il est finalement pris en charge par une famille amérindienne et partage le mode de vie des autochtones. Cette connaissance de la vie amérindienne lui sera utile dans sa vie de coureur des bois et d'explorateur.

Revenu parmi les siens, il part en expédition avec son beau-frère Médard Chouart Des Groseilliers. Ce voyage entrepris en 1659 le conduit jusqu'à l'extrémité ouest du lac Supérieur. Le récit de ses découvertes contribue à faire découvrir aux Français ce nouveau territoire et à étendre leur zone d'influence.

La localité de Radisson, dans la municipalité de la Baie-James.

Les coureurs des bois connaissent bien le mode de vie des Amérindiens.

0   500   1000   1500   2000

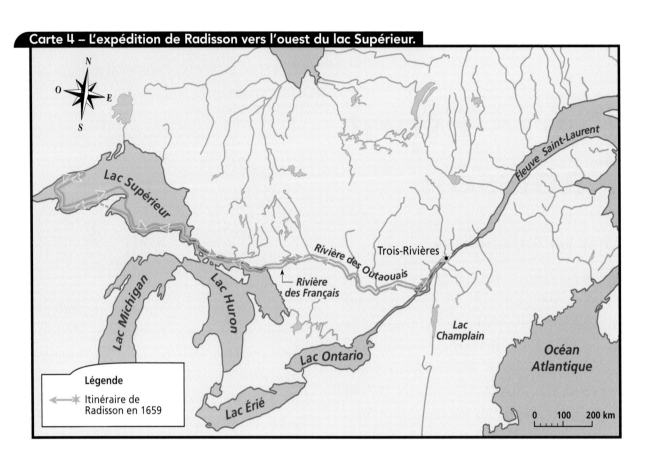

Carte 4 – L'expédition de Radisson vers l'ouest du lac Supérieur.

Légende
→＊ Itinéraire de Radisson en 1659

0   100   200 km

Avec les Anglais

es Amérindiens avaient souvent parlé à Radisson de «l'eau salée», c'est-à-dire de la baie d'Hudson. Radisson pense pouvoir trouver de belles fourrures dans ce territoire. Il cherche alors les moyens de s'y rendre. Le roi de France refuse de lui fournir de l'argent pour son expédition. Radisson se tourne alors vers l'Angleterre : les Anglais l'engagent et lui permettent d'entreprendre un premier voyage vers la baie d'Hudson, en 1668.

Pendant dix ans, Radisson fait le commerce des fourrures pour la Compagnie de la Baie d'Hudson, fondée en 1670 par les Anglais. Par la suite, il travaillera tour à tour pour les Français ou les Anglais, selon les circonstances. Il meurt à Londres, en Angleterre, en 1710.

Grâce à ses nombreuses expéditions, Radisson a contribué à faire connaître et à agrandir le territoire de la Nouvelle-France.

Un brise-glace porte aujourd'hui le nom de *Pierre Radisson*.

Lis ce texte pour trouver les informations qui te sont demandées à la page 33.

René Robert Cavelier de La Salle.

René Robert Cavelier de La Salle

Attiré par l'exploration

René Robert Cavelier de La Salle est né en France en 1643. En 1667, il vient rejoindre son frère à Ville-Marie, en Nouvelle-France.

Cavelier de La Salle rêve de découvrir une route vers la Chine. Il a entendu parler d'un immense territoire à l'ouest de la Nouvelle-France. Il pense qu'en le traversant, il pourra trouver la route vers la Chine. La Salle interroge les Amérindiens sur le territoire qu'il veut explorer et il commence à parcourir les rivières et les forêts.

En 1669, le roi de France finance une expédition d'exploration. Pour pouvoir en faire partie, La Salle affirme qu'il connaît la langue des Iroquoiens. Mais quand ses compagnons s'aperçoivent qu'il a menti, ils le chassent.

La Salle pratique alors le commerce des fourrures pour financer ses propres expéditions. À partir de 1673, il dirige quelques voyages. Cependant, il manque d'organisation : pendant une expédition, il perd les provisions nécessaires pour nourrir ses hommes. Il provoque aussi parfois la colère des Amérindiens en ne respectant pas les ententes établies.

Mais La Salle est un découvreur enthousiaste : il explore la rivière Ohio et une partie du fleuve Mississippi. Il installe aussi des postes de traite des fourrures. Ainsi, l'exploration française se développe en Nouvelle-France.

AVENUE DE LA SALLE

Une rue et un parc portent le nom de La Salle à Montréal.

Jusqu'au bout du Mississippi

En 1682, La Salle réussit à atteindre l'embouchure du fleuve Mississippi. Il y érige une croix. L'explorateur nomme l'endroit «Louisiane» en l'honneur de Louis XIV, le roi de France.

Quand La Salle retourne en France, on lui confie une autre mission : aller établir une colonie en Louisiane. Il part en compagnie de 288 personnes. Cette tentative est un échec. Beaucoup de ses compagnons meurent et lui-même est assassiné le 19 mars 1687, probablement par un compagnon mécontent.

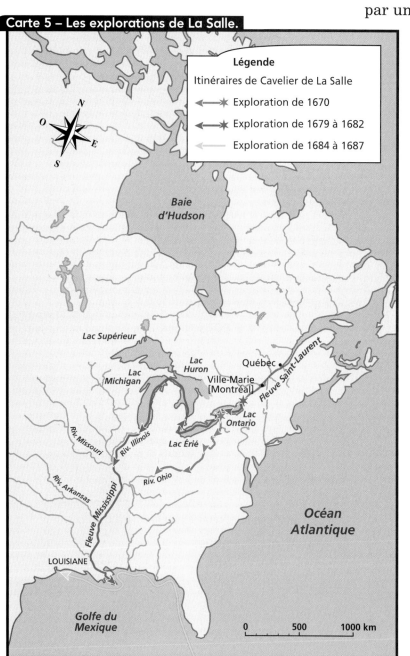

Carte 5 – Les explorations de La Salle.

Légende

Itinéraires de Cavelier de La Salle

Exploration de 1670

Exploration de 1679 à 1682

Exploration de 1684 à 1687

Baie d'Hudson

Lac Supérieur

Lac Huron

Lac Michigan

Québec

Ville-Marie [Montréal]

Fleuve Saint-Laurent

Lac Ontario

Lac Érié

Riv. Missouri

Riv. Illinois

Riv. Ohio

Riv. Arkansas

Fleuve Mississippi

LOUISIANE

Océan Atlantique

Golfe du Mexique

0   500   1000 km

La découverte de l'assassinat de La Salle. L'illustration date de 1698.

Grâce aux explorations de Cavelier de La Salle, le territoire de la Nouvelle-France s'est agrandi de façon importante.

Lis ce texte pour trouver les informations qui te sont demandées à la page 33.

Jean Talon

Premier intendant de la Nouvelle-France

Jean Talon.

Jean Talon est né en France en 1626. Il est intendant d'une partie du territoire français. Il fait un travail remarquable. En 1665, le roi de France veut confier le développement de sa colonie à une personne efficace. C'est Jean Talon qui est choisi: il devient le premier intendant de la Nouvelle-France.

Le marché Jean Talon à Montréal.

Organiser la colonie

À cette époque, la Nouvelle-France en est encore à ses débuts: le territoire est immense et les colons sont peu nombreux. Les habitants ne peuvent subvenir à tous leurs besoins quotidiens; ils doivent compter sur les produits que la mère patrie leur envoie. Le rôle de l'intendant est d'organiser la colonie pour lui permettre de se développer.

Tout d'abord, Talon veut que la population augmente. Pour cela, il fait venir de France des jeunes filles appelées «filles du roi». Celles-ci viennent en Nouvelle-France pour épouser des colons et ainsi fonder des familles. L'intendant crée même un programme d'aide pour les familles de plus de 10 enfants. La population de la Nouvelle-France augmente rapidement.

Stimuler l'économie

*J*ean Talon stimule l'élevage et l'agriculture. Il encourage les colons à essayer de nouvelles cultures comme celle du lin, qui sert à faire des vêtements. Vers 1671, les colons peuvent fabriquer toutes les pièces de leur habillement, y compris leurs souliers.

Talon favorise les échanges commerciaux entre la France, la Nouvelle-France et les Antilles. Les Antilles sont une autre colonie française. Les produits échangés sont le bois, le poisson et le sucre. On appelle ce système d'échanges le «commerce triangulaire».

Métro Jean-Talon

La station de métro Jean-Talon à Montréal.

Talon rentre en France en 1672; il y meurt en 1694. Les colons de la Nouvelle-France doivent à cet intendant une plus grande autonomie, car ils dépendent de moins en moins de la France. Ils sont plus nombreux et leur économie s'est développée.

L'hôpital Jean-Talon à Montréal.

Lis ce texte pour trouver les informations qui te sont demandées à la page 33.

Louis de Buade de Frontenac

Louis de Buade de Frontenac.

Gouverneur en Nouvelle-France

Frontenac est né en France en 1622. Sa famille est <u>noble</u> et riche. Il se joint à l'armée du <u>roi</u> de France. Des années plus tard, quand le roi cherche un militaire d'expérience pour gouverner la <u>colonie</u> de la Nouvelle-France, il choisit Frontenac.

Le parc Frontenac sur la rive sud du Saint-Laurent.

Arrivé en Nouvelle-France en 1672, Frontenac est un <u>gouverneur</u> efficace. Il organise la vie dans la colonie en créant des règlements de police. Il favorise les explorations dans le but de mieux connaître le territoire et d'étendre la colonie. Il installe plusieurs nouveaux <u>postes de traite</u> pour le commerce des fourrures. Cependant, Frontenac n'a pas un caractère facile : il veut tout contrôler. Des conflits éclatent avec certains habitants de la colonie. Il s'enrichit en pratiquant le commerce des fourrures et le roi, mécontent de lui, le rappelle en France.

Le château Frontenac à Québec.

Une nouvelle chance

En 1689, le roi donne une seconde chance à Frontenac. Il le nomme une nouvelle fois gouverneur de la Nouvelle-France. Frontenac améliore les fortifications de Québec. En 1690, le général anglais Phipps tente de s'emparer de la ville. Frontenac résiste victorieusement et Phipps doit retirer ses troupes et ses navires.

Le gouverneur entretient de bonnes relations avec les Amérindiens. Il n'hésite pas à se déplacer jusque dans leurs villages pour rencontrer leurs chefs. Ces bonnes relations sont utiles à la colonie, qui connaît une période de paix.

En 1698, Frontenac meurt en quelques mois des suites d'une maladie. C'est un gouverneur qui a joué un rôle important

La Maison de la Culture et la bibliothèque Frontenac à Montréal.

dans l'histoire de la Nouvelle-France. Sous son autorité, la vie s'organise mieux dans la colonie. La ville de Québec, bien fortifiée, reste française et le territoire s'agrandit.

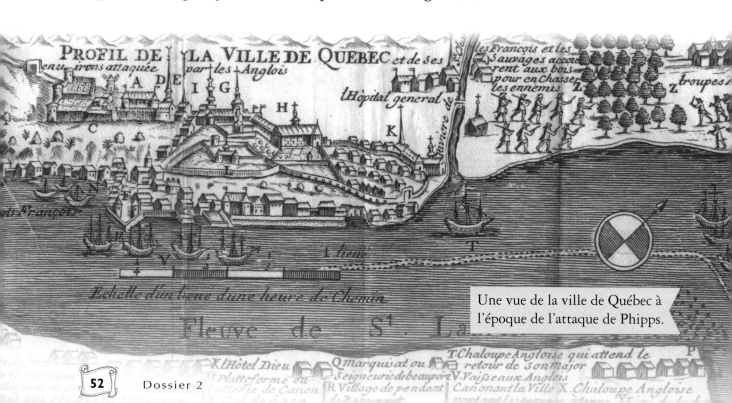

Une vue de la ville de Québec à l'époque de l'attaque de Phipps.

Lis ce texte pour trouver les informations qui te sont demandées à la page 33.

Kondiaronk

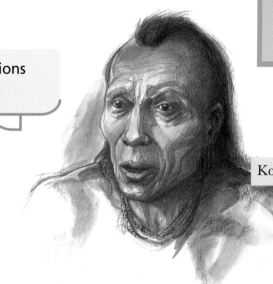

Kondiaronk.

Un projet pour la paix

Kondiaronk est un chef iroquoien. Il est né vers 1649. À cette époque, les conflits entre les différents groupes amérindiens sont très nombreux. Kondiaronk n'aime pas la guerre : elle cause trop de morts et de blessés.

Les Français souhaitent également que les conflits cessent pour que la colonie continue à se développer. Kondiaronk propose un projet de paix aux autres chefs amérindiens.

BELVÉDÈRE KONDIARONK

en hommage à l'un des principaux artisans de la Grande Paix de Montréal de 1701

«Aujourd'hui [...] le Soleil a dissipé tous ses nuages pour faire paraître ce bel Arbre de paix qui était déjà planté sur la montagne la plus élevée de la terre» - paroles attribuées à Kondiaronk

Le belvédère Kondiaronk, à Montréal.

0   500   1000   1500   2000

Une réunion extraordinaire

D urant l'été 1701, environ 1300 Amérindiens se rendent à Ville-Marie pour discuter du projet de paix. Kondiaronk dirige la réunion. Devant les représentants d'environ 39 nations amérindiennes, il fait un long discours. Puis il a un malaise : on le transporte à l'hôpital Hôtel-Dieu, où il meurt le 2 août. Le surlendemain, le 4 août, les chefs amérindiens signent l'accord de paix. Cet accord est appelé la «Grande Paix de Montréal».

Grâce à Kondiaronk et à ses efforts, la colonie de la Nouvelle-France a connu une période de paix et elle a continué de prospérer.

Ce timbre, créé en 2001, rappelle la Grande Paix de Montréal.

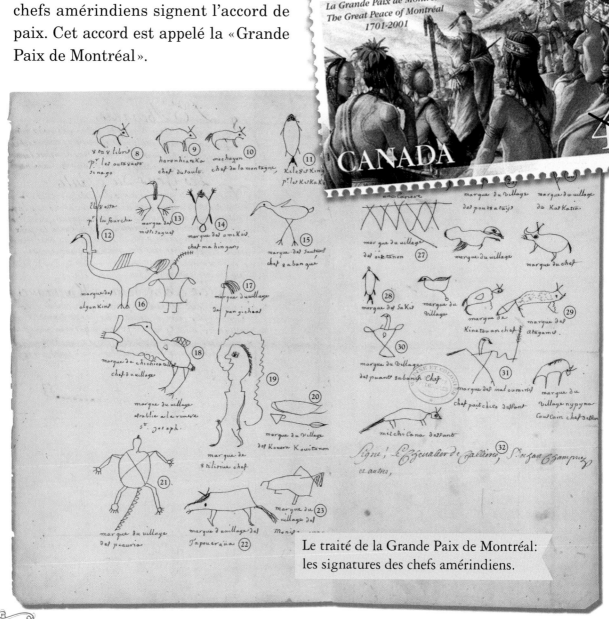

Le traité de la Grande Paix de Montréal : les signatures des chefs amérindiens.

Lis ce texte pour trouver les informations qui te sont demandées à la page 33.

Gilles Hocquart

Intendant en Nouvelle-France

Gilles Hocquart est né en France en 1694. Vers 1727, il occupe un poste administratif important dans une ville du sud de la France. Son efficacité et son honnêteté sont remarquées. Il est nommé intendant de la Nouvelle-France. Son mandat est de développer le commerce et les industries de la colonie.

Développer la colonie

Hocquart travaille à cette mission pendant 20 ans. Il encourage les habitants à pratiquer l'agriculture et à vendre les surplus qu'ils produisent. Pour faciliter les transports et les communications, il fait construire une route entre Québec et Montréal, appelée «Chemin du roi».

Gilles Hocquart.

Il favorise le développement d'industries comme la construction de bateaux et les forges. La Nouvelle-France peut donc produire ce dont elle a besoin et être moins dépendante de la mère patrie.

La rue Hocquart à Québec.

La route 138 entre Québec et Montréal est l'ancien Chemin du roi que l'intendant Hocquart a fait construire.

Hocquart meurt à Paris en 1783. Il a été un intendant efficace pour la Nouvelle-France : l'agriculture s'est développée, les transports se sont améliorés, le commerce a augmenté et les industries ont été stimulées. Hocquart a contribué à faire changer l'économie de la Nouvelle-France.

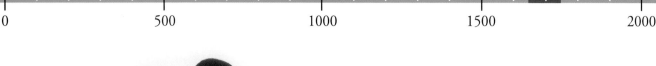

TON PROJET

Il est maintenant temps de réaliser votre jeu.

1. Chacun des membres de l'équipe présente les informations qu'il a notées sur sa fiche de lecture. Décidez ensemble des informations à conserver pour réaliser votre jeu :

   a) les informations sur la vie de ce personnage qui sont utiles pour le jeu ;

   b) les traces de ce personnage que l'on peut voir aujourd'hui ;

   c) une action que ce personnage a réalisée et qui a contribué à faire changer la Nouvelle-France.

2. Remplissez la fiche 2.3, « Mon plan de travail », que votre enseignante ou votre enseignant vous a remise pour bien planifier la réalisation de votre jeu. Vous pouvez aussi faire votre propre plan de travail.

p. 112-113

3. Réalisez votre jeu.

4. Avant de présenter votre jeu à la classe, prenez le temps de vérifier votre réalisation. Faites les corrections nécessaires.

DÉCOUVERTES

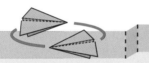

PRÉSENTATION

1. Un membre de votre équipe présente votre jeu à toute la classe :

   a) les éléments qui font partie du jeu ;

   b) les règles ;

   c) comment se termine une partie.

2. Vous invitez les membres des autres équipes à jouer à votre jeu.

3. Pendant que vos camarades jouent à votre jeu, un membre de votre équipe prend en note leurs commentaires. Vous pourrez ainsi en tenir compte pour améliorer votre jeu, au besoin.

SYNTHÈSE

Tu as appris à mieux connaître certains personnages de la Nouvelle-France ; tu en as découvert aussi de nouveaux.

1. Explique comment ces personnages historiques ont contribué à faire changer la Nouvelle-France.

2. Quelles traces de ces personnages trouve-t-on aujourd'hui dans la société ?

BILAN

p. 113

1. Explique une façon de faire qui t'a permis d'être efficace pendant le projet. Qu'est-ce que tu aurais pu améliorer ?

2. Pendant le travail en équipe, comment avez-vous fait pour arriver à un consensus ?

Les connaissances historiques

Comment peut-on savoir…?

Tu t'es certainement déjà demandé comment il était possible, aujourd'hui, de savoir tant de choses sur des personnages d'autrefois et sur les événements qui se sont passés il y a très longtemps.

Il existe de nombreuses sources d'information sur le passé.

Les documents écrits

Beaucoup de personnages historiques ont laissé des traces écrites de ce qu'ils ont vécu. Par exemple, Jacques Cartier a laissé un journal de ses voyages et une carte du Saint-Laurent. Samuel de Champlain a dessiné plusieurs cartes de la Nouvelle-France et de nombreux croquis. Plusieurs explorateurs ont laissé des récits de leurs expéditions. En étudiant ces documents, on peut apprendre des détails sur la vie de leurs auteurs, sur l'époque à laquelle ils vivaient et sur les découvertes qu'ils ont faites.

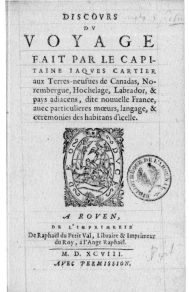

Voici la première page du journal écrit par Jacques Cartier.

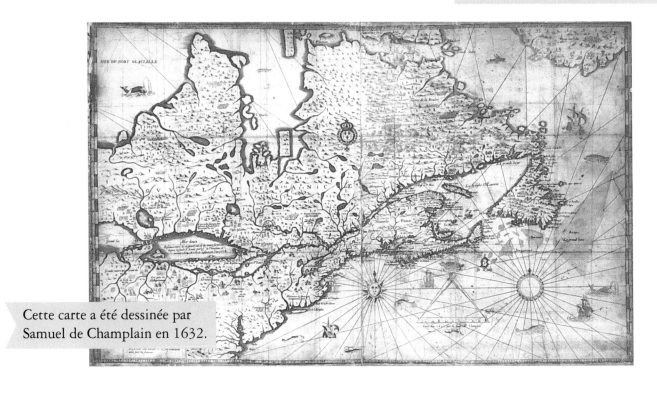

Cette carte a été dessinée par Samuel de Champlain en 1632.

Les personnes

On appelle «tradition orale» les récits et les informations qui sont transmis oralement de personne en personne. Les personnes âgées par exemple, en racontant comment elles vivaient autrefois, peuvent nous apprendre beaucoup de choses sur le passé. L'information peut ainsi se transmettre d'une génération à l'autre.

Une veillée.

Les objets

Les objets anciens aussi nous aident à comprendre le passé, à découvrir comment les gens vivaient. Ces objets sont découverts et étudiés par des spécialistes qu'on appelle les archéologues. Des archéologues ont découvert des morceaux de vaisselle ou de jouets et d'autres objets qui datent de l'époque de la Nouvelle-France. Ils ont aussi trouvé des objets amérindiens, comme des pointes de flèche et des bijoux.

Ces objets sont précieux! On les conserve dans des musées pour les préserver et pour permettre à tout le monde de les voir et de les étudier.

Pour se renseigner sur le passé, les archéologues et les historiens consultent ces sources d'information. Ils font des recherches, examinent des objets et des traces écrites pour découvrir et comprendre ce qui s'est passé autrefois ou dans d'autres pays que le nôtre.

Le musée de Pointe-à-Callière à Montréal.

Des changements chez les Iroquoiens

La société iroquoienne entre 1500 et 1745

De nos jours, beaucoup d'Iroquoiens travaillent sur des chantiers de construction.

Aujourd'hui, une reconstitution de canots iroquoiens.

Des Iroquoiens

aujourd'hui

Une équipe iroquoienne qui pratique le jeu de crosse de nos jours.

Un insigne de la police iroquoienne à Kahnawake aujourd'hui.

Dans les musées

Pipe-tomahawk offerte par le roi de France à certains chefs amérindiens (vers 1760).

Des mocassins iroquoiens (vers 1800).

Des médailles religieuses catholiques destinées aux Iroquoiens (vers 1700).

Une marmite en cuivre, objet de troc avec les Iroquoiens (vers 1690).

Un porte-bébé iroquoien (vers 1800).

0   500   1000   1500   2000

SUR LA PISTE

Observe les illustrations. Elles représentent
un village iroquoien et ses alentours dans
les basses-terres du Saint-Laurent et
des Grands Lacs vers 1500.

Te souviens-tu de ce que tu as appris
sur les Iroquoiens de 1500 ? Que sais-tu
sur leur mode de vie, leur territoire
et leur population ?

Un village iroquoien vers 1500.

Petit à petit, à la suite des explorateurs, des colons français commencent à s'installer en Amérique du Nord. Ils entrent alors en contact avec différents groupes d'Amérindiens qui vivent sur ce territoire.

Au fil du temps, les contacts entre les Français et les Iroquoiens, par exemple, vont provoquer des transformations dans les deux sociétés.

Consulte la capsule «Les Français s'adaptent» à la page 78.

Vers 1745, c'est-à-dire deux siècles et demi après les premiers contacts, la société iroquoienne n'est plus la même qu'en 1500.

Selon toi, qu'est-ce qui a changé dans la société iroquoienne entre 1500 et 1745, au contact des Français?

TON PROJET   Des changements à illustrer

Tout d'abord, tu vas faire une recherche pour découvrir ce qui a changé dans la société iroquoienne entre 1500 et 1745, au contact des Français. Puis, en équipe, vous illustrerez cinq exemples de changements à l'aide d'une bande dessinée, d'une affiche, d'une peinture murale ou de tout autre moyen que vous jugerez approprié. Finalement, vous présenterez vos exemples de changements à la classe.

ENQUÊTE

1. Lis les textes des pages 66 à 75 et observe attentivement les illustrations. Tu trouveras ainsi ce qui a changé dans la société iroquoienne entre 1500 et 1745, au contact des Français.

p. 106

2. Pour consigner tes découvertes, construis ton propre outil de collecte de données. Tu peux aussi utiliser un tableau semblable au suivant (fiche 3.1).

1745 : Ce qui a changé dans la société iroquoienne

| Le mode de vie | Les habitations | _____
 _____
 _____
 _____ |
| | _____ | _____
 _____
 _____ |

Voici dans quel ordre les textes de lecture se présentent.

0   500   1000   1500   2000

Au cours de ta lecture, trouve ce qui a changé
dans la société iroquoienne au contact des Français.

1500-1745
Des changements dans la société iroquoienne

E ntre 1500 et 1745, la société iroquoienne change beaucoup, surtout
à cause de ses contacts fréquents avec les Français. Les changements
s'observent dans le mode de vie, c'est-à-dire dans la vie de tous les jours.
Ils s'observent aussi dans la population et dans le territoire.

Le mode de vie

Les habitations

Vers 1745, certains Iroquoiens vivent près des villages français. Peu à peu, ils ont quitté leurs maisons longues traditionnelles pour des maisons de bois assez semblables à celles des colons.

Ces maisons comprennent généralement deux pièces: une grande salle pour dormir et une cuisine. Les Iroquoiens trouvent ces maisons plus confortables que les maisons longues, qui sont très enfumées et protègent peu du froid.

Contrairement à la maison longue, la maison de bois ne peut loger qu'une dizaine de personnes. Les regroupements familiaux traditionnels de 50 personnes ou plus disparaissent donc peu à peu.

Un village iroquoien de maisons de bois vers 1745.

Vers 1500, les Iroquoiens avaient l'habitude de déplacer leur village de maisons longues tous les 15 ans environ. Vers 1745, les Iroquoiens qui demeurent dans des maisons de bois ne déplacent plus leur village; ils restent sur le même territoire.

Les objets usuels

Au contact des Français, les Iroquoiens découvrent des objets en métal solides et pratiques : des chaudrons, des haches, des pics, des couteaux et même des aiguilles à coudre. Ils se procurent ces objets en les échangeant contre des fourrures. Vers 1745, ces ustensiles remplacent en partie les contenants de terre cuite ou d'écorce et les couteaux taillés dans la pierre. Certains aspects de la vie quotidienne changent : la préparation des aliments, par exemple. En effet, les marmites en métal, qui résistent au feu, permettent d'augmenter le temps de cuisson.

Vers 1500, les Iroquoiens transportaient les charges lourdes sur leur dos ou sur un toboggan. Les contacts avec

La brouette facilite le transport des objets lourds.

les Français vont aussi leur faire découvrir les machines à roues comme la brouette ou la charrette. Ces objets facilitent les déplacements. Vers 1745, l'usage de la roue pour transporter certaines charges est devenu assez fréquent dans la société iroquoienne.

Cette nouvelle habitude allège le travail des femmes iroquoiennes, qui sont habituellement responsables de transporter les charges.

L'alimentation

Les Français ont fait venir de France des vaches, des cochons et des poules. Ils les élèvent pour se procurer de la viande et des œufs. Vers 1745, certains Iroquoiens élèvent eux aussi quelques animaux domestiques. Avoir ainsi de la viande à leur disposition est un changement dans leurs habitudes.

Les marmites en métal résistent au feu.

Les Français ont introduit l'alcool dans la société iroquoienne. En effet, l'alcool servait de monnaie d'échange lors du commerce des fourrures. Avant l'arrivée des Français, les Iroquoiens ne buvaient pas de boissons alcoolisées. Ils ignoraient les dangers liés à sa consommation. Vers 1745, la consommation d'alcool a des conséquences très graves pour la société iroquoienne.

Les Iroquoiens utilisent parfois des couvertures comme manteaux.

Certains Iroquoiens élèvent des animaux domestiques.

Les vêtements

Les Iroquoiens apprécient beaucoup les tissus et les vêtements qu'ils se procurent en faisant du troc avec les Français. Vers 1745, ils abandonnent certains vêtements de peaux d'animaux pour des chemises ou des vestes en tissu léger ou en laine. Ces vêtements sèchent plus rapidement que les peaux. Les Iroquoiens transforment en manteaux les couvertures de laine, qu'ils trouvent souples et confortables.

Pour les Iroquoiens, le chapeau est un signe de puissance.

Les Iroquoiens sont impressionnés par les chapeaux que portent les Français. Ils y voient un signe de puissance, car ce sont habituellement les personnes importantes qui en portent. Vers 1745, certains Iroquoiens ont adopté la coutume de porter un chapeau et ils cherchent à s'en procurer.

Les chevaux

*A*vant l'arrivée des Français, les Iroquoiens se déplaçaient uniquement en canot, à pied ou en raquettes pendant l'hiver. Ils utilisaient le toboggan pour transporter les fardeaux.

Certains Iroquoiens adoptent le cheval comme animal domestique.

Les Iroquoiens installés à proximité des établissements français découvrent les chevaux. Les colons les ont fait venir de France pour faciliter l'agriculture et le transport. Au fil des années, les Iroquoiens se familiarisent avec ces animaux. Vers 1745, certains Iroquoiens utilisent eux aussi les chevaux pour se déplacer ou pour transporter du bois de chauffage, par exemple.

La médecine

*V*ers 1745, les Iroquoiens qui vivent près des établissements français prennent l'habitude de s'y faire soigner. Il y a beaucoup de malades dans la population amérindienne à cause de la variole, de la rougeole ou de la grippe que les Français ont apportées avec eux sans le savoir. Les chamans iroquoiens sont impuissants face à ces nouvelles maladies. Le chaman est un Iroquoien qui connaît bien les plantes permettant de guérir certaines maladies. Le recours à la médecine française va peu à peu réduire l'importance du chaman et de son savoir.

À l'Hôtel-Dieu de Montréal ou de Québec, on soignait les Amérindiens et les Français.

Les armes et les conflits

Avant les contacts avec les Français, les Iroquoiens utilisaient des arcs et des flèches pour se battre et pour chasser. Au combat, ils portaient une sorte d'armure en bois qui les protégeait en partie des flèches.

Vers 1745, les Iroquoiens ont abandonné en partie leurs arcs et leurs flèches pour les fusils que leur procurent les Français. Le fusil est une source importante de pouvoir à la guerre comme à la chasse pour les Iroquoiens.

Les Iroquoiens sont surpris et fascinés par les fusils apportés par les Français.

Bien avant l'arrivée des Français, les groupes amérindiens se déclaraient souvent la guerre entre eux. Les Iroquoiens faisaient la guerre pour différentes raisons. Ils se battaient pour faire des prisonniers parmi les vaincus. Ces prisonniers remplaçaient les personnes de leur groupe qui étaient mortes. Ils se faisaient aussi la guerre pour prouver leur bravoure ou encore pour acquérir de nouveaux territoires de chasse.

Avec l'arrivée des Français, la rivalité entre les groupes amérindiens s'intensifie. En effet, le commerce des fourrures est une nouvelle source de conflits, car les Amérindiens veulent obtenir des objets et des produits français. Les Iroquoiens de 1745 ont une raison de plus de faire la guerre.

La religion

Les missionnaires français désirent évangéliser les Amérindiens. Vers 1745, beaucoup d'Iroquoiens sont devenus chrétiens. Certains missionnaires habitent même avec les Iroquoiens pour veiller au respect de la religion chrétienne. Cependant, les Iroquoiens conservent une partie de leurs croyances traditionnelles et y ajoutent des éléments de la religion chrétienne.

Le territoire

*V*ers 1500, avant l'arrivée des Français, les Iroquoiens habitaient un vaste territoire dans les basses-terres du Saint-Laurent et des Grands Lacs. Ce territoire leur permettait de subvenir à tous leurs besoins.

Deux siècles et demi plus tard, soit vers 1745, les Iroquoiens n'occupent plus le même territoire. En effet, à cette date, il reste seulement quelques groupes d'Iroquoiens sur les rives du Saint-Laurent. Certains Iroquoiens sont

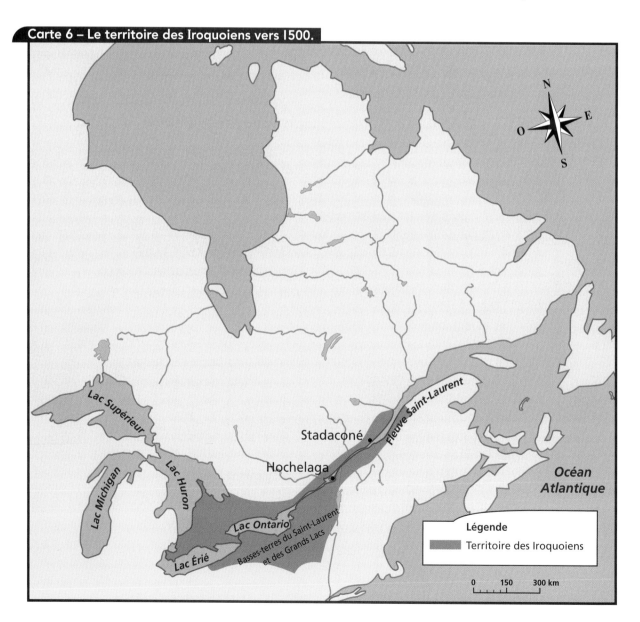

Carte 6 – Le territoire des Iroquoiens vers 1500.

Lac Supérieur

Lac Michigan

Lac Huron

Lac Ontario

Lac Érié

Basses-terres du Saint-Laurent et des Grands Lacs

Stadaconé

Hochelaga

Fleuve Saint-Laurent

Océan Atlantique

Légende

Territoire des Iroquoiens

0   150   300 km

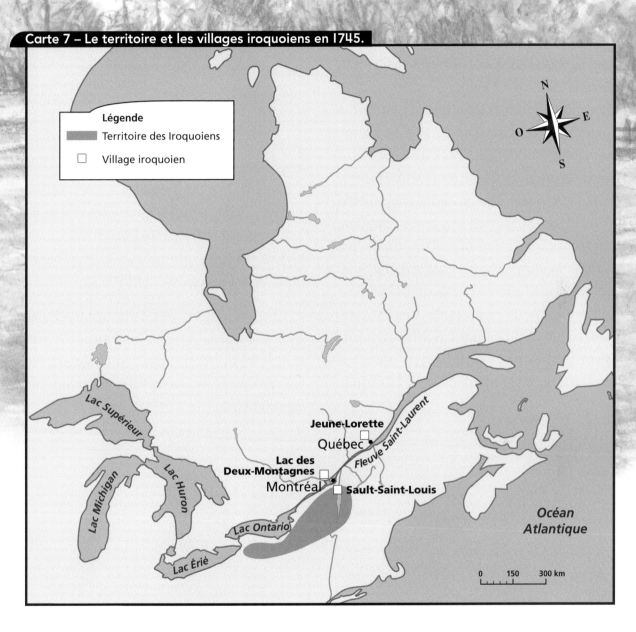

Carte 7 – Le territoire et les villages iroquoiens en 1745.

Légende

Territoire des Iroquoiens

Village iroquoien

Jeune-Lorette

Québec

Fleuve Saint-Laurent

Lac des Deux-Montagnes

Montréal

Sault-Saint-Louis

Lac Supérieur

Lac Michigan

Lac Huron

Lac Ontario

Lac Érié

Océan Atlantique

N O E S

0   150   300 km

regroupés dans trois villages qui existent encore aujourd'hui : le village de Jeune-Lorette, aujourd'hui appelé Wendake, le village de Sault-Saint-Louis, aujourd'hui appelé Kahnawake et le village du Lac des Deux-Montagnes, qui aujourd'hui s'appelle Kanesatake. Vers 1745, ces villages se trouvaient à proximité des établissements français, ce qui facilitait l'évangélisation des Iroquoiens par les missionnaires français.

La population

Vers 1500, les Iroquoiens des basses-terres du Saint-Laurent et des Grands Lacs étaient nombreux. Il est impossible de connaître leur nombre exact, mais les spécialistes pensent qu'ils étaient environ 100 000 ou 150 000. Vers 1745, ils ne sont plus que 10 000 ou 15 000, surtout à cause des maladies apportées sans le savoir par les Français. En effet, les Iroquoiens attrapaient des maladies comme la variole, la varicelle ou la grippe au contact des Français et se les transmettaient. Ces maladies étaient souvent mortelles pour les Iroquoiens, qui n'avaient pas d'anticorps pour les combattre. Les anticorps sont fabriqués par le corps humain pour lutter contre les maladies.

Les guerres entre les différents groupes amérindiens expliquent aussi pourquoi la population iroquoienne diminue. En effet, le commerce des fourrures avec les Français fait augmenter les rivalités entre diverses nations amérindiennes qui veulent obtenir les produits et les objets français. Beaucoup d'Iroquoiens sont tués lors de ces conflits.

Les Iroquoiens participent aussi aux guerres qui opposent les Français aux Anglais en Amérique du Nord. De nombreux Iroquoiens meurent pendant ces combats.

La variole, la grippe et la rougeole étaient inconnues en Amérique du Nord avant l'arrivée des Français.

1745
Une société iroquoienne différente

Les contacts prolongés entre les Français et les Iroquoiens ont entraîné des transformations dans la société française et dans la société iroquoienne. Mais les transformations qui se sont produites dans la société française ne touchent que quelques aspects du mode de vie.

Par contre, la société iroquoienne de 1745 a subi des tranformations profondes. En effet, les Iroquoiens ont modifié certaines de leurs habitudes de vie. Ils ne dépendent plus uniquement de la nature pour vivre et pour satisfaire leurs besoins. Ils ont intégré des coutumes françaises à leurs coutumes traditionnelles et ils ont remplacé certaines de leurs croyances par des croyances chrétiennes.

Vers 1745, la société iroquoienne ressemble par certains aspects à la société canadienne de cette époque.

Une jeune iroquoienne brode des fleurs. C'est un motif français.

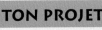

TON PROJET

p. 107

1. En équipe, choisissez cinq exemples de changements parmi ceux que vous avez notés dans votre outil de collecte de données.

2. Choisissez un moyen (affiche, diapositives, bande dessinée, peinture murale ou autre) pour illustrer ces exemples.

3. Illustrez vos exemples.

4. Préparez un court texte qui expliquera les exemples de changements que vous avez illustrés.

DÉCOUVERTES

PRÉSENTATION

1. Présentez votre travail à la classe.

2. Écoutez attentivement les présentations des autres équipes. Après chaque présentation, dites si les changements illustrés ont été expliqués clairement.

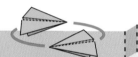

SYNTHÈSE

1. À partir des informations dont tu disposes maintenant, nomme des changements qui se sont produits dans la société iroquoienne entre 1500 et 1745.

2. Quelle est la principale cause de ces changements?

3. Selon toi, ces changements ont-ils entraîné des avantages ou des inconvénients pour les Iroquoiens? Lesquels?

4. Quelle est la principale conséquence de tous ces changements pour la société iroquoienne de 1745?

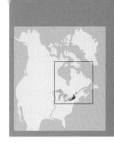

1. Nomme une difficulté que tu as éprouvée pendant la réalisation de ton projet. Nomme aussi une réussite liée à ton projet.

2. Pendant la réalisation d'un projet, il y a différentes façons de travailler. Laquelle te motive le plus ? Pourquoi ?

    a) Quand je travaille en groupe classe, j'aime :
    - les explications données par mon enseignante ou mon enseignant ;
    - les discussions ;
    - les lectures.

    b) Quand je travaille individuellement, j'aime :
    - faire des lectures ;
    - utiliser les fiches de travail ;
    - décoder des cartes et des illustrations ;
    - suivre mon rythme et faire à ma façon.

    c) Quand je travaille en équipe, j'aime :
    - discuter avec les autres élèves ;
    - faire progresser une idée ;
    - partager les tâches à réaliser ;
    - recueillir les réactions des autres élèves sur mon travail.

Les Français s'adaptent

Lorsqu'ils arrivent en Amérique du Nord, les Français ont une façon de vivre bien à eux. Cependant, pour survivre sur ce nouveau territoire, ils vont s'adapter. Ils vont adopter certains éléments du mode de vie des sociétés amérindiennes qu'ils côtoient.

De nouvelles habitudes

Les Français découvrent rapidement l'intérêt d'utiliser les raquettes amérindiennes ou le canot d'écorce pour se déplacer facilement à pied dans la neige ou sur les cours d'eau.

Sur le plan de l'alimentation, les Français diversifient leur nourriture en consommant des produits iroquoiens comme le maïs, la courge et les haricots. Ils apprennent aussi à recueillir la sève des érables pour en faire du sirop. Certains Français adoptent aussi les techniques de pêche des Amérindiens.

C'est au contact des Amérindiens que les Français vont prendre l'habitude de fumer du tabac. À l'époque, il se fume dans une pipe.

Les Français améliorent leurs techniques guerrières en adoptant certaines habitudes amérindiennes. Ils tendent des embuscades, c'est-à-dire qu'ils se dissimulent pour attaquer par surprise.

Par ailleurs, le jeu de crosse pratiqué par les Amérindiens devient populaire chez certains Français comme les coureurs des bois.

Les Amérindiens avaient un mode de vie très bien adapté à leur territoire et les Français ont compris les avantages que présentaient certains éléments de ce mode de vie. Ils ont donc adopté des coutumes et des habitudes d'origine amérindienne. Certaines de ces coutumes existent encore aujourd'hui dans la société québécoise et dans la société canadienne.

Une mosaïque de colonies

La Nouvelle-France et les Treize colonies vers 1745

Des traces de

L'actuelle ville de Boston.

De nos jours, une des premières églises protestantes en Caroline du Nord ; elle date de 1734.

L'université de Harvard au Massachusetts aujourd'hui.

Une plantation en Caroline du Sud de nos jours.

Treize colonies

aujourd'hui

En Virginie de nos jours : des comédiens costumés comme en 1745.

Une reconstitution actuelle de la fête de l'Action de grâces au Massachusetts.

Dans les musées

Un gilet (vers 1750).

Un biberon en cuivre (vers 1750).

Une montre de poche (vers 1750).

Un moule à gaufres (vers 1750).

Une pièce de monnaie (1652) et un chèque de banque (1776).

SUR LA PISTE

mère patrie
colonies anglaises
Angleterre
Caroline du Sud
1745
océan Atlantique
Pennsylvanie
Massachusetts
Treize colonies
colons
Boston
gouverneur
Philadelphie
commerce
Europe
Charleston
Amérique du Nord

Observe les mots de cette mosaïque. Des liens les unissent.

1. Quels sont ces liens ?

2. Y a-t-il des mots qui te font penser à la Nouvelle-France ?
   Lesquels ?

Consulte la capsule «Les colonies anglo-américaines» à la page 102.

La Nouvelle-France n'est pas la seule colonie d'Amérique du Nord. En effet, l'Angleterre possède elle aussi des colonies dans cette partie du monde. On dit que ce sont des «colonies anglo-américaines». Comme elles sont au nombre de treize, on les désigne sous le nom de «Treize colonies».

Selon toi, comment vit-on dans les colonies anglo-américaines vers 1745 ? Crois-tu que les sociétés de ces colonies ressemblent à la société canadienne de la Nouvelle-France ? Comment peut-on comparer ces sociétés ?

TON PROJET **Une colonie à fonder**

Tu vas d'abord te renseigner sur certaines colonies anglo-américaines. Ensuite, à partir de ce que tu connais de la Nouvelle-France et de ce que tu viens d'apprendre, tu vas fonder une nouvelle colonie en Amérique du Nord vers 1745. Finalement, tu présenteras ta colonie au reste de la classe.

ENQUÊTE

1. La première partie de ton enquête t'amène à découvrir les colonies anglo-américaines vers 1745.

   Observe attentivement la carte de l'Amérique du Nord vers 1745.

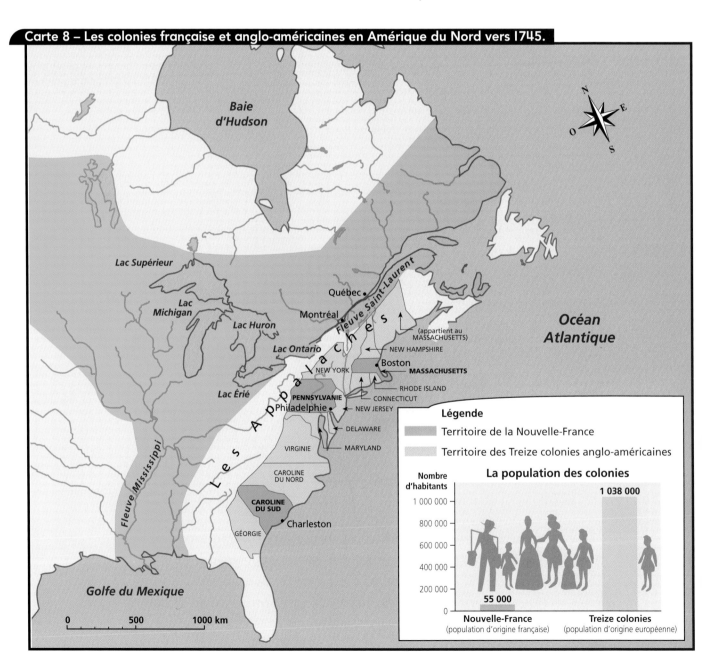

Carte 8 – Les colonies française et anglo-américaines en Amérique du Nord vers 1745.

a) Quel territoire est le plus grand : celui de la colonie française ou celui des colonies anglo-américaines ?

b) Sur quel océan toutes ces colonies donnent-elles ?

c) Une chaîne de montagnes forme la limite entre la Nouvelle-France et les colonies anglo-américaines. Comment cette chaîne de montagnes s'appelle-t-elle ?

d) Quel territoire est le plus au nord ?

e) Observe la légende de la carte. Quelle différence très marquée entre la Nouvelle-France et les colonies anglo-américaines peux-tu remarquer ?

p. 108

2. La deuxième partie de ton enquête consiste à te renseigner davantage sur trois des colonies anglo-américaines : le Massachusetts, la Pennsylvanie et la Caroline du Sud.

a) Choisis cinq éléments parmi les suivants.
- Le territoire
- Le climat
- La vie économique
- Le gouvernement
- La force militaire
- Le mode de vie
- La population
- La langue et la religion

b) Lis les textes qui suivent et observe les illustrations qui les accompagnent. Au cours de ta lecture, note des caractéristiques qui se rapportent aux cinq éléments que tu as choisis. Fais ce travail de collecte de données pour les trois colonies.

c) Ensuite, en te servant des notes que tu as prises, mets en évidence:

- **une** caractéristique qui s'applique à la Nouvelle-France;

- **deux** caractéristiques qui ne s'appliquent pas à la Nouvelle-France.

d) Pour consigner toutes ces informations, utilise un outil de prise de notes semblable à celui qui t'est proposé ci-dessous (fiche 4.1) ou un autre outil de ton choix.

N'oublie pas de trouver un moyen de mettre en évidence une caractéristique qui s'applique à la Nouvelle-France et deux caractéristiques qui ne s'y appliquent pas.

Éléments choisis	Massachusetts	Pennsylvanie	Caroline du Sud
Territoire	_____ _____ _____ _____	*Au sud de...* _____ _____ _____	_____ _____ _____ _____

Lis les textes suivants pour trouver les informations qui te sont demandées à la page 86.

Le Massachusetts : une colonie pleine d'avenir

Situe le Massachusetts sur la carte, à la page 84. Quelle est la ville principale de cette colonie ?

Pour mieux connaître cette colonie, nous avons posé quelques questions à une historienne.

Pouvez-vous tout d'abord décrire brièvement le territoire de la colonie du Massachusetts ?

Le Massachusetts se situe sur le littoral, c'est-à-dire sur le bord de l'océan Atlantique. Son territoire est constitué principalement d'une plaine. À l'ouest, il y a les Appalaches. Cette chaîne de montagnes est couverte de forêts et parsemée de lacs et de rivières. Les cours d'eau sont nombreux sur l'ensemble du territoire.

Quel est le climat de cette région ?

Les étés y sont plus chauds et plus longs que dans les basses-terres du Saint-Laurent et des Grands Lacs. Ce climat favorise la culture des fruits, des légumes et des céréales. Cependant, l'hiver, il y a de la neige en quantité et les vents soufflent du nord.

0   500   1000   1500   2000

L'océan Atlantique ne gèle pas en hiver. Les fleuves qui s'y jettent ne gèlent pas non plus à proximité des côtes. En effet, un courant tiède empêche les glaces de se former. Les ports restent donc ouverts toute l'année.

Qui sont les habitants de cette colonie et quel est leur mode de vie?

Les premiers colons qui viennent d'Angleterre débarquent sur le littoral de la colonie entre 1620 et 1640. En 1745, ce sont leurs descendants qui peuplent la ville de Boston et ses environs. Ils sont environ 165 000 et leur langue est l'anglais.

Dès leur arrivée, les colons construisent des maisons et commencent à pratiquer la pêche et l'agriculture. Ce sont d'excellents commerçants et ils vont très vite faire des échanges avec l'Angleterre et les autres colonies anglo-américaines.

Les colons du Massachusetts pratiquent une religion différente de celle qui est pratiquée en Nouvelle-France: la religion protestante, qu'on appelle aussi le protestantisme. Cette religion regroupe plusieurs mouvements comme celui des puritains ou celui des quakers. La religion joue un rôle très important dans la vie des colons, qui obéissent à des règles précises. Par exemple, ils célèbrent la fin des récoltes lors de l'Action de grâces. Cette fête est célébrée encore aujourd'hui.

Les fermes sont construites en bois, l'une des principales ressources naturelles de la région.

La fête de l'Action de grâces se déroule après les récoltes.

Quelle importance la mer a-t-elle dans la vie économique de cette colonie?

La mer joue un rôle économique essentiel. Les colons pratiquent la pêche, entre autres la pêche à la baleine. La colonie s'enrichit rapidement grâce au commerce du poisson. Les marchands vendent leur poisson en Amérique du Nord et en Europe. Par ailleurs, la construction de bateaux devient une industrie de première importance pour la colonie. Les villes situées au bord de l'océan, comme Boston, sont riches en 1745.

En 1745, il y a plusieurs chantiers de construction de bateaux au Massachusetts.

0   500   1000   1500   2000

Quelle place l'agriculture occupe-t-elle au Massachusetts en 1745?

La grande majorité des colons vivent sur des fermes et font de la culture et de l'élevage. Il n'y a pas de seigneuries dans les colonies anglo-américaines, contrairement à ce qui existe en Nouvelle-France. Les terres ne sont pas nécessairement rectangulaires et leur taille est inégale. Les terres qui ne sont pas cultivées sont des pâturages communs: certains animaux domestiques comme les vaches et les chevaux peuvent y broûter. Ces terres servent aussi à la coupe de bois de chauffage ou de construction.

Comment ces colons sont-ils gouvernés en 1745?

Un gouverneur est nommé par le roi d'Angleterre. Il existe aussi une assemblée, dont les membres sont élus par les propriétaires et les riches marchands qui ont le droit de vote.

L'église est le centre de la vie religieuse, sociale et politique au Massachusetts.

Les habitants qui souhaitent discuter des lois se rassemblent à l'église. En effet, même si tous les colons n'ont pas le droit de vote, ils sont consultés et ils peuvent faire entendre leur point de vue.

Les colons discutent des lois. Chaque personne peut donner son opinion.

Les colons participent donc à la vie de la colonie. Ils prennent part aussi à la défense de leur territoire. En effet, tous les hommes et tous les adolescents en bonne santé doivent apprendre à manier les armes. De nombreux soldats et marins anglais assurent par ailleurs la défense de la colonie. Le Massachusetts dispose donc d'une force militaire importante.

Y a-t-il une dernière caractéristique qui permettrait de compléter le portrait du Massachusetts en 1745 ?

Oui. Il s'agit de l'éducation. En effet, les colons ont accordé très tôt une grande importance à l'instruction. Dès 1643, l'éducation était obligatoire et l'université actuelle de Harvard a été fondée dès 1636 à Boston. En 1745, il existe plusieurs collèges et universités sur le territoire.

Merci de votre collaboration.

Quatre mille cinq cents soldats anglais assurent la défense du territoire.

L'université de Harvard vers 1745. Seuls les garçons y avaient accès.

La Pennsylvanie : une colonie accueillante

Consulte la carte de la page 84 pour situer la Pennsylvanie. Son territoire est plus au sud que celui du Massachusetts.

Pehr Kalm est un Européen qui a voyagé en Nouvelle-France et dans les colonies anglo-américaines dans les années 1750. Il a décrit la Pennsylvanie dans son journal. Le texte qui suit est inspiré de ce journal.

Remarque. Certains mots ont été mis en valeur pour faciliter la collecte de données.

Pehr Kalm a noté ses observations dans un journal de voyage qu'on peut encore lire aujourd'hui.

Philadelphie, le 9 octobre 1750

Je demeure à Philadelphie pour quelques mois.

À Philadelphie, les maisons sont en brique.

On dit de Philadelphie que c'est la ville de l'amour fraternel. C'est pourquoi, dans la **population**, on croise des personnes originaires de plusieurs pays. Les colons viennent d'Écosse, d'Irlande, d'Angleterre, d'Allemagne, de Suède et même de France. Ils sont très nombreux: plus de 119 600 habitants, je crois. Ils pratiquent différentes religions, dont la religion protestante sous diverses formes.

Les colons d'origines européennes différentes donnent une couleur particulière à la ville.

Même si tous ces colons parlent l'anglais, il n'est pas rare d'entendre dans les rues les sonorités d'une autre **langue**.

William Penn est le fondateur de la Pennsylvanie. Il voulait que la colonie soit accueillante, c'est-à-dire qu'elle soit ouverte à tous les humains.

On trouve en Pennsylvanie des églises de diverses religions.

0   500   1000   1500   2000

Ces colons ont aussi apporté leur **mode de vie**. Le sapin de Noël, Saint-Nicolas et le lapin de Pâques sont des coutumes qui sont arrivées en Amérique du Nord avec les Allemands. La parade de la Saint-Patrick est une coutume irlandaise. Il existe même des restaurants français où l'on peut manger une nourriture savoureuse.

La **vie de ces colons** est simple et se résume à l'essentiel : la prière, le travail et l'éducation des enfants. Ici, comme à Boston, l'école est obligatoire.

Le style des maisons reflète bien la variété de l'origine de la population de la Pennsylvanie.

Philadelphie, le 18 novembre 1750

J'ai été invité à souper chez la famille Bartram, que j'ai rencontrée à l'église la semaine dernière. Ce sont des fermiers. Leur maison est située dans la campagne. Une voiture tirée par deux chevaux m'y a conduit.

Les fermes de Pennsylvanie sont souvent situées sur de petites collines.

Avant d'entrer dans la maison, monsieur Bartram m'explique que l'**agriculture** est importante pour la **vie économique** de la Pennsylvanie. Je remarque la présence d'une grange, d'une étable et d'un potager près de la maison. Quelques arbres fruitiers (pommiers, cerisiers et pruniers) poussent dans le verger.

Pendant le souper, monsieur Bartram m'apprend aussi que les terres agricoles sont <u>fertiles</u>. Cependant, les montagnes, très proches, constituent une limite naturelle à l'agriculture.

Nous mangeons du poulet, de la bouillie de maïs sucrée mélangée avec du lait, du pain, du beurre et des pommes. Tous ces aliments viennent de la ferme de monsieur Bartram. Il accumule même des surplus de produits agricoles qu'il peut vendre au marché de Philadelphie.

Comme en Nouvelle-France, la vie familiale se passe dans la salle commune, qui sert de cuisine.

Philadelphie, le 6 février 1751

Avant de repartir dans mon pays, je voudrais retourner au port une dernière fois, car on peut y voir des **activités économiques** bien intéressantes.

Le port de Philadelphie est bien situé pour le commerce avec les autres colonies anglo-américaines.

Malgré l'**hiver**, l'animation est très grande sur les quais. Grâce au climat, le port est ouvert presque toute l'année. Des potiers et des fabricants de meubles ou de tonneaux s'installent ici pour exercer leur métier. Ils peuvent vendre leurs produits sur place ou les envoyer en Europe par bateau.

C'est ici que je m'embarquerai moi-même pour l'Europe dans quelque temps. Je quitterai Philadelphie avec regret !

Pehr Kalm

La Caroline du Sud : une colonie de plantations

Situe le territoire de la Caroline du Sud sur la carte de la page 84.

Le territoire et la population

La Caroline du Sud est bordée à l'est par l'océan Atlantique et à l'ouest par la chaîne de montagnes des Appalaches. En 1745, la population de cette colonie est d'environ 54 000 personnes, dont la langue principale est l'anglais. La principale religion est la religion protestante.

Plus de la moitié des habitants sont des Noirs. Certains d'entre eux ont été amenés d'Afrique pour travailler dans des plantations ; d'autres sont nés sur place. Les plantations sont de grands domaines agricoles caractéristiques des colonies anglo-américaines situées au sud de la Virginie. Les villes sont peu nombreuses en Caroline du Sud.

La plantation, au centre de la vie économique

En 1745, l'économie de la Caroline du Sud repose sur la culture du tabac. Cette plante est cultivée dans les immenses champs des plantations. Une plantation

Les propriétaires des plantations de la Caroline du Sud emploient des Noirs d'Afrique comme main-d'œuvre pour cultiver leurs champs.

ressemble un peu à un village. Jusqu'à 200 personnes peuvent y habiter et trouver sur place tout ce dont elles ont besoin pour vivre. Les plantations sont presque toujours situées le long d'un cours d'eau, ce qui facilite les transports. On y cultive aussi du riz ou de l'indigo. Les grandes plantations comptent plusieurs fermes.

Un indigotier. L'indigo est une teinture bleue qu'on extrait des feuilles de l'indigotier, qui pousse dans les régions chaudes.

La maison du maître est entourée des dépendances : les cuisines, le fumoir, le lavoir, les ateliers des artisans, les étables, les écuries et les maisons des employés.

Le climat

La plantation est au cœur de la vie économique en Caroline du Sud. Grâce à la douceur du climat, les champs peuvent être cultivés une bonne partie de l'année. Dans cette colonie, l'été est très chaud : la température moyenne est de 27 degrés Celsius. L'hiver, la température ne descend presque jamais au-dessous de 7 degrés Celsius. Il neige donc très rarement et les cours d'eau ne gèlent jamais. Par conséquent, il est possible d'expédier les marchandises par bateau vers l'Angleterre à n'importe quel moment de l'année.

Le mode de vie...
... des propriétaires

La ville de Charleston, en Caroline du Sud, vers 1745.

Vers 1745, les propriétaires des plantations ne travaillent pas dans les champs. Ils sont souvent très riches et ont beaucoup de temps libre. Ils aiment

se réunir pour discuter d'affaires et de politique. Ils organisent des soirées et des bals et se rendent parfois en ville pour aller au théâtre.

... et des travailleurs

Il existe deux sortes de travailleurs dans une plantation en 1745. Les ouvriers qui reçoivent un salaire pour leur travail et les esclaves. Les esclaves sont des Noirs. Ils ne sont pas libres : ils appartiennent au propriétaire. Celui-ci ne leur donne pas de salaire ; il peut les faire travailler 16 heures par jour et il a le droit de vie ou de mort sur eux. Les esclaves sont logés et nourris ; ils vivent sur la plantation dans de petites maisons qu'on appelle des « cases ». Ils se réconfortent parfois en chantant et en jouant de la musique qui leur rappelle leur pays d'origine.

Le gouvernement

En Caroline du Sud, vers 1745, il y a un gouverneur qui représente le roi d'Angleterre. Le gouverneur contrôle les dépenses et dirige la milice. Il convoque les assemblées pour discuter des lois. Les membres des assemblées sont les grands propriétaires. Ils sont élus par certains habitants de la colonie. En effet, le droit de vote est réservé aux riches propriétaires. Les femmes, les pauvres et les Noirs, par exemple, ne votent pas.

Une rencontre entre propriétaires de plantations.

TON PROJET

p. 108-109

1. Sur ta fiche de collecte de données, entoure les caractéristiques qui te semblent être des forces.

2. Sélectionne les caractéristiques que tu veux donner à ta colonie. Tu peux choisir ces caractéristiques parmi celles que tu as notées; tu peux aussi puiser dans tes connaissances sur la Nouvelle-France.

   Pour réaliser ce travail, utilise une fiche de consignation semblable à celle qui t'est proposée (fiche 4.2) ou fais-en une toi-même.

3. Trouve trois forces à ta colonie et dis pourquoi il s'agit de forces.

4. Choisis un moyen original de faire connaître ta colonie à la classe.

DÉCOUVERTES

PRÉSENTATION

1. Présente ta colonie à la classe en mettant ses forces en évidence.

2. Écoute attentivement les présentations des autres élèves.

p. 109

3. Après chaque présentation, discute des forces et des faiblesses des colonies créées par tes camarades.

SYNTHÈSE

1. Nomme deux ressemblances et deux différences entre la société canadienne de la Nouvelle-France et les sociétés anglo-américaines.

2. *a)* Selon toi, pourquoi y a-t-il des différences et des ressemblances entre les sociétés canadienne et anglo-américaines d'Amérique du Nord ?

   b) Penses-tu que certaines de ces différences ont entraîné des conséquences ?

p. 109

3. Nomme une force et une faiblesse :

   • de la société canadienne de Nouvelle-France ;

   • des sociétés anglo-américaines.

   Justifie tes réponses.

BILAN

Quel aspect du travail a été le plus difficile pour toi ?

• La collecte de données à partir des textes

• La comparaison entre les colonies

• L'explication des forces et des faiblesses

• La création d'une nouvelle colonie

Pourquoi ?

CAPSULE 3

Les colonies anglo-américaines

Vers 1745, l'Angleterre possède treize colonies en Amérique du Nord.
Ces colonies sont les suivantes.

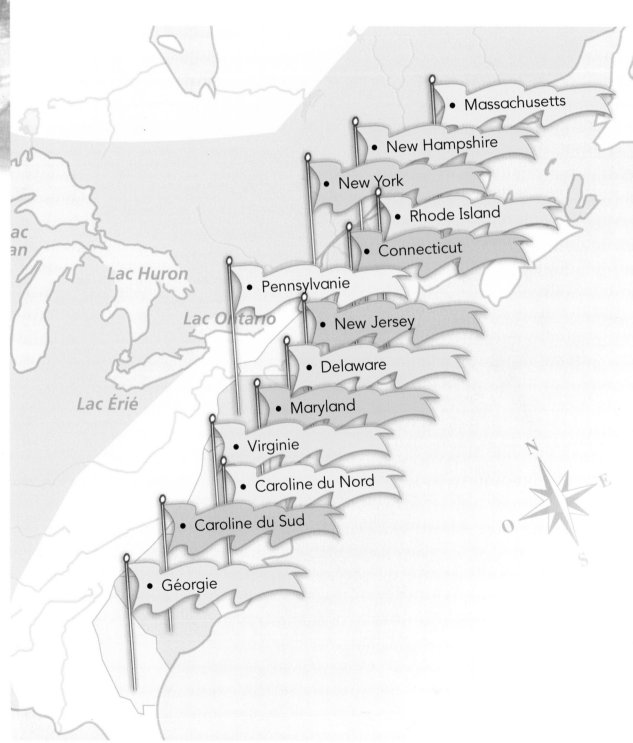

Boîte à outils

Comment exploiter l'information?

1 Je lis attentivement les consignes et je me demande:

Qu'est-ce que je cherche?

Qu'est-ce que je dois faire?

2 Je cherche les informations dont j'ai besoin.

➤ Je fais l'inventaire de ce que je sais déjà.

➤ Je cherche des informations dans différentes sources:
- je cherche dans Internet;
- je pose des questions aux personnes que je connais;
- je vais à la bibliothèque.

3 Je choisis les textes qui vont m'être utiles.

C'est important de lire les titres et les intertitres.

Oui, et de regarder les index et les tables des matières.

4 **Je sélectionne les informations dont j'ai besoin.**

➤ Je lis les textes que j'ai trouvés.

➤ Je note **seulement** les informations dont j'ai besoin.

Qu'est-ce que je cherche ?

Qu'est-ce que je dois faire ?

Il ne faut pas que j'oublie d'écrire dans quel livre ou dans quel site j'ai trouvé les informations !

5 **J'organise mes informations.**

➤ Je relis mes notes. Je m'assure que :
– j'ai trouvé ce que je cherchais ;
– je peux faire ma tâche.

6 **Je communique mes informations.**

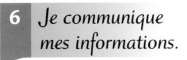

Comment résoudre des problèmes ?

1 **Je m'assure que je comprends bien le problème.**

> Je lis attentivement la consigne.

- Je dis le problème dans mes mots.

- Au besoin, je pose des questions.

> Qu'est-ce que je dois faire ?

- Je peux aussi séparer le problème en étapes.

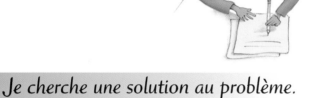

> Premièrement, je dois... Deuxièmement, je dois... C'est plus facile de cette façon.

2 **Je cherche une solution au problème.**

- Si c'est possible, je compare ce problème à un autre que j'ai déjà résolu.

- J'imagine différentes solutions.

> Oui, oui, même les solutions les plus folles... C'est une bonne façon de trouver la meilleure.

- Je choisis la solution qui, selon moi, va me permettre de résoudre le problème.

3 J'essaie ma solution.

➤ J'applique la solution que j'ai trouvée.

Est-ce que le problème est résolu ?

➤ Si ma solution ne me permet pas de résoudre le problème, j'en cherche une autre.

J'ai une autre idée.

4 J'évalue ma solution.

➤ Je compare ma solution à celles de mes camarades.

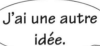

Est-ce que je peux améliorer ma solution ?

Comment exercer
mon jugement critique ?

1 *Je prends connaissance de la situation :*

- ça peut être un événement ;

> Qu'est-ce qu'il s'est passé ?

- un texte ;

> Qu'est-ce qui est écrit ?

- les paroles de quelqu'un.

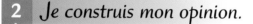

> Qu'est-ce que cette personne a dit ?

2 *Je construis mon opinion.*

- Je m'informe :
  - – je lis sur le sujet ;
  - – j'interroge des personnes.

- Je réfléchis aux informations que j'ai trouvées.
- Je me fais une idée.

> Est-ce que ça a du sens ?

3   *J'exprime mon opinion.*

➤ Je donne clairement mon opinion.

➤ J'explique pourquoi j'ai cette opinion.

4   *Je compare mon opinion.*

➤ J'écoute les opinions de mes camarades.

➤ Je m'assure que j'ai bien compris en posant des questions.

➤ Au besoin, je modifie mon opinion.

Comment mettre en œuvre ma pensée créatrice?

1 *Je lis la consigne pour bien comprendre la situation.*

Je vérifie si j'ai compris ce qu'il faut faire.

Il faut s'imaginer toutes les étapes.

2 *Je fais un remue-méninges.*

Dans un remue-méninges, on dit toutes les idées qui nous passent par la tête.

Je choisis l'idée qui va me permettre d'atteindre mon but.

Par exemple, on pourrait faire une entrevue.

Bonne idée! C'est original. Allons-y!

3 Je passe à l'action.

▸ Je fais un essai.

> Oups ! Il y a un problème : on ne peut pas tout expliquer dans une entrevue.

▸ Au besoin, je modifie mon idée.

> Ce n'est pas grave, j'ai une autre idée. On pourrait ajouter un texte à l'entrevue.

4 J'évalue ma réalisation.

> On a eu de bonnes idées. On a atteint notre but.

> Oui. J'ai même eu d'autres idées. On pourrait les essayer la prochaine fois.

Comment me donner des méthodes de travail efficaces?

1 *Je m'assure que je comprends le travail à réaliser.*

→ J'explique le travail dans mes mots.

→ Au besoin, je pose des questions.

Qu'est-ce que je dois faire?

Lisons la consigne.

2 *Je décide comment je vais réaliser mon travail.*

3 *J'organise mon travail.*

→ Je dresse la liste de tout ce qu'il y a à faire.

Comme ça, je n'oublierai rien.

→ Je fais un horaire.

→ Je rassemble le matériel dont j'ai besoin.

Il me faut du carton, des crayons-feutres, une règle, etc.

→ J'organise mon lieu de travail.

Si je rangeais un peu, ce serait plus facile de travailler!

4 *Je réalise le travail.*

➤ Je garde la consigne en tête.

Qu'est-ce que je dois faire?

➤ Je vérifie mon travail.
Je me demande :
– si c'est clair ;
– si ça fonctionne ;
– si les autres vont comprendre.

5 *J'évalue ma façon de travailler.*

Max, es-tu satisfait de ton travail ?

Oui, mais la prochaine fois, je vais faire un plan plus détaillé pour perdre moins de temps.

Comment exploiter les technologies de l'information et de la communication ?

1 J'ouvre le logiciel de traitement de texte.

> Je clique deux fois sur l'icone de traitement de texte.

On appelle ça « double-cliquer ».

2 Je repère les principales icônes et les touches dont j'aurai besoin pour faire mon travail :

> les icônes pour le lettrage ;

Oui. Tu peux même choisir la grosseur de la police.

On appelle ça la « police ». C'est drôle, hein ?

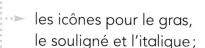

> les icônes pour le gras, le souligné et l'italique ;

> les touches pour la majuscule, le point et la virgule ;

> la barre d'espacement pour séparer les mots.

Sinon, on ne sait pas où commencent et où finissent les mots.

3 *Je donne un nom à mon fichier.*

C'est un peu comme le titre d'un travail.

C'est vrai. Il faut lui donner un nom simple et facile à retenir.

4 *Je sauvegarde mon texte régulièrement.*

C'est très important. Sinon, on peut tout perdre !

Ça m'est déjà arrivé, et j'étais tellement fâché !

- Je clique sur l'icône de sauvegarde.
- Je peux aussi sauvegarder mon texte sur disquette.

5 *J'imprime mon travail.*

Je m'assure qu'il y a du papier dans l'imprimante.

Il suffit encore une fois de cliquer sur l'icône.

Comment coopérer?

Je respecte les autres.

▶ Je comprends leurs besoins.

▶ J'accepte les différences.

Chaque personne a des qualités différentes.

C'est vrai ! C'est ce qui fait une bonne équipe.

Je m'implique.

▶ Je participe aux discussions.

C'est important de donner son point de vue.

▶ Je fais ma part.

▶ Je propose des solutions.

▶ J'aide mes camarades.

Max, si tu as de la difficulté à faire des recherches dans Internet, je peux t'aider.

Je suis les règles du groupe.

- Je respecte le droit de parole.

> C'est important que tout le monde puisse s'exprimer.

- Je ne coupe pas la parole aux autres.
- Je discute calmement.
- Je me concentre sur le travail.

> On parlera de notre fin de semaine à la récréation.

> Oui. Comme ça, on ne nuira pas au travail d'équipe.

J'évalue notre travail.

> C'était vraiment bien, de travailler en équipe. J'ai appris plein de choses !

> Oui, mais il va falloir que je sois plus patient quand les autres parlent.

Comment communiquer de façon appropriée?

1 Je m'assure de bien comprendre le but de la communication.

- Quel est le sujet de ma communication?
- À qui est-ce que je m'adresse?

> Hum! Il ne faut pas que j'oublie qu'on aura à parler devant toute la classe.

- Qu'est-ce que je dois dire?

> Il faut aussi dire aux élèves qu'ils auront un tableau à remplir.

2 Je prépare ma communication.

- Je cherche les informations dont j'ai besoin.
- Je fais un plan ou un schéma.

> C'est une bonne façon d'organiser mes idées.

- Je prépare le matériel dont j'ai besoin.

> Il faut préparer un tableau pour les élèves.

> Nous avons aussi besoin d'une carte géographique et d'une ligne du temps.

3 Je réalise ma communication.

···▶ Je fais ma communication.

> Il ne faut pas
> que je change de sujet pendant
> la communication.

> Et il ne faut
> rien oublier!

···▶ J'utilise les mots justes.

> Je parle fort et
> je prononce bien.

···▶ Je m'assure d'être compris ou comprise.

> Avez-vous
> bien compris? Avez-vous
> des questions?

4 J'évalue ma communication.

> C'était
> quand même très bien.
> La prochaine fois, on se fera
> un aide-mémoire.

> Zut!
> J'ai oublié une petite
> partie de ce que je voulais
> dire.

Le vocabulaire géographique et historique de mon manuel

Action de grâces. Fête qui célèbre la fin des récoltes. Ce sont les protestants du Massachusetts qui ont été les premiers à la célébrer en Amérique du Nord. Ils ont donné à cette fête le nom anglais de «Thanksgiving».

Amérindiens. Nom donné aux personnes qui habitaient déjà en Amérique avant l'arrivée des Européens, ainsi qu'à leurs descendants. On dit aussi «Autochtones».

Animaux domestiques. Contrairement aux animaux sauvages, les animaux domestiques vivent dans l'entourage des humains. Certains d'entre eux, comme les cochons ou les poules, sont élevés pour être mangés.

Apothicaire. Nom donné autrefois au pharmacien.

Archéologue. Personne dont le métier est d'étudier les objets, les monuments ou les constructions des sociétés anciennes.

Artisan. Personne qui fait un métier manuel et qui est son propre patron, comme un cordonnier ou un serrurier.

Autochtones. Nom donné aux personnes qui habitaient déjà en Amérique avant l'arrivée des Européens, ainsi qu'à leurs descendants. On dit aussi «Amérindiens».

Basses-terres. Terrain généralement plat et peu élevé par rapport à la mer, contrairement aux montagnes et aux plateaux. Les basses-terres qui se trouvent sur les rives du Saint-Laurent et des Grands Lacs s'appellent les basses-terres du Saint-Laurent et des Grands Lacs.

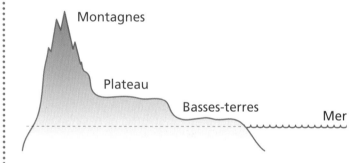

Canada. Nom d'origine iroquoienne qui veut dire «village» ou «peuplement». C'est l'explorateur français Jacques Cartier qui a nommé ainsi le territoire où il avait débarqué en 1534.

Capitaine de la milice. Personne qui commandait la milice, c'est-à-dire le groupe de personnes chargées de défendre la population dans la colonie.

Cartographe. Personne dont le métier est de tracer des cartes géographiques.

Catéchisme. Ensemble des connaissances et des règles de la religion chrétienne.

Censitaire. Nom donné parfois aux personnes qui avaient reçu une terre d'un seigneur. Ce nom vient du mot «cens», qui désigne une sorte d'impôt que les censitaires devaient payer au seigneur.

Chaîne de montagnes. Une montagne est une très forte élévation de terrain. Une chaîne de montagnes est une suite de montagnes.

Chaman. Personnage important dans les sociétés amérindiennes. Il connaissait particulièrement bien le pouvoir de certaines plantes. Les Amérindiens le consultaient en cas de maladie. Ils le respectaient particulièrement pour son pouvoir de communiquer avec les esprits qui, selon eux, habitaient chaque élément de leur environnement.

Chute. Partie d'un fleuve ou d'une rivière où l'eau tombe soudainement d'une certaine hauteur. Une chute est un obstacle à la navigation.

Colline. Petite élévation de terrain au sommet arrondi.

Colon. Habitant d'une colonie.

Colonie. Pays ou territoire qui est placé sous la dépendance d'un autre pays. La Nouvelle-France était une colonie française, car elle était dirigée par la France. Les Treize colonies anglo-américaines étaient dirigées par l'Angleterre.

Commerce triangulaire. Système d'échange commercial entre la France et certaines de ses colonies d'Amérique: les Antilles et la Nouvelle-France.

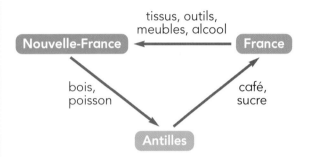

Compagnie des Cent-Associés. Regroupement d'une centaine de personnes chargées par le roi de France d'administrer et de peupler la Nouvelle-France. Ces personnes demeuraient en France et dirigeaient le commerce des fourrures, l'envoi de colons et l'organisation de la vie en Nouvelle-France.

Confluent. Point de rencontre entre deux cours d'eau. Par exemple, la ville de Trois-Rivières est située au confluent du fleuve Saint-Laurent et de la rivière Saint-Maurice.

Conifères. Arbres qui gardent leurs aiguilles toute l'année. Le sapin et l'épinette sont des conifères.

Curé. Prêtre qui dirige la vie religieuse d'une paroisse.

Défricher. Enlever les arbres et les plantes sauvages sur un terrain. Lorsqu'un territoire est couvert de forêt, il faut le défricher pour pouvoir le cultiver ou y construire une maison.

Dîme. Sorte d'impôt payé par les habitants d'une paroisse à leur curé.

Droit de vote. Avoir le droit de vote, c'est pouvoir exprimer son opinion sur un projet, sur une loi à appliquer ou sur une décision à prendre. Dans certaines colonies anglo-américaines, les propriétaires et les riches marchands avaient le droit de vote. Cela veut dire qu'ils étaient consultés lorsque certaines lois étaient discutées ; ils prenaient ainsi part au gouvernement de la colonie.

Esclave. Personne qui n'est pas libre ; elle appartient à un maître qui décide de tout à sa place. Les esclaves ne sont pas payés pour leur travail. Dans les plantations des colonies anglo-américaines du Sud, les esclaves étaient des Noirs originaires d'Afrique ou leurs descendants.

Évangéliser. Enseigner la religion catholique aux Amérindiens.

Évêque. Personne qui dirige la vie religieuse de plusieurs paroisses.

Fertile. Un sol est fertile quand il produit beaucoup de plantes utiles (des fruits, par exemple, ou des céréales comme le maïs ou le blé). Vivre sur un territoire fertile représente un avantage, car tout y pousse bien.

Feuillus. Arbres qui perdent leurs feuilles à l'automne. Le bouleau, le frêne, l'orme, l'érable et le peuplier sont des feuillus.

Forges. Endroit où l'on fabrique des objets en fer. On fait fondre le fer en le chauffant très fort, puis on lui donne la forme de divers objets comme des boulets de canon ou des chaudrons. C'est dans les Forges du Saint-Maurice, près de Trois-Rivières, qu'on a fabriqué les premiers outils en fer en Nouvelle-France.

Fortifications. Constructions servant à protéger une ville ou un bâtiment des attaques ennemies. Par exemple, la ville de Québec a été entourée de murs à certains moments de son histoire.

Front de terre. Nom de la partie d'une terre qui donne sur un cours d'eau.

Gouverneur. Représentant du roi dans une colonie. En Nouvelle-France, le gouverneur s'occupait principalement des affaires de la guerre et des relations avec les Amérindiens. Il était lui-même représenté à Trois-Rivières et à Montréal par des gouverneurs locaux.

Industrie. Activité qui permet de fabriquer des produits à partir de matières comme le bois ou la laine. Les chantiers de construction de bateaux près de Québec, ou les Forges du Saint-Maurice, près de Trois-Rivières, étaient des industries importantes en Nouvelle-France.

Intendant. Personne nommée par le roi pour administrer la colonie. L'intendant s'occupait de la justice, des finances, du commerce et du peuplement.

Littoral. Désigne la zone de terre qui se trouve au bord de la mer.

Mère patrie. Nom donné à la France à l'époque de la Nouvelle-France.

Meunier. Personne qui fait fonctionner un moulin.

Milice. Groupe de personnes chargées de la défense de la population dans la colonie.

Missionnaire. Religieux chargé d'enseigner la religion chrétienne aux Amérindiens. En Nouvelle-France, les missionnaires étaient souvent des Jésuites. Les Jésuites sont un regroupement de religieux.

Moulin. Les moulins à eau et les moulins à vent servent à moudre, c'est-à-dire à broyer les grains des céréales pour en faire de la farine.

Noble. Personne choisie par le roi. Les nobles avaient des droits particuliers que les autres personnes n'avaient pas. Autrefois, les nobles occupaient très souvent des postes de commandement dans le gouvernement ou dans l'armée.

Nomades. Les nomades sont des personnes qui changent très souvent de lieux de vie. Les Algonquiens, par exemple, déplaçaient leur campement plusieurs fois par année.

Paroisse. Territoire placé sous l'autorité religieuse d'un curé.

Pâturage. Étendue de terre non cultivée où les bêtes peuvent brouter.

Plaine. Vaste étendue de terrain généralement plat ou légèrement ondulé.

Plantation. Dans les colonies anglo-américaines du Sud, vers 1745, les plantations étaient de très grands domaines agricoles où l'on cultivait le tabac ou l'indigo. L'indigo est une teinture bleue qu'on extrait d'un arbrisseau appelé «indigotier».

Plantation du mai. Fête du temps des seigneuries ; pendant cette fête, on plantait un arbre pour honorer le seigneur.

Plateau. Vaste étendue de terrain plutôt plat et assez élevé par rapport à la mer (voir le dessin à la page 120). Le bouclier canadien, par exemple, est un plateau.

Portage. On fait du portage quand on transporte un canot à pied pour contourner la partie non navigable d'un cours d'eau. C'est souvent à cause de la présence d'un rapide ou d'une chute qu'on doit faire du portage.

Poste de traite. Endroit où se faisait le commerce des fourrures. C'est là que les Amérindiens ou les coureurs des bois échangeaient les peaux d'animaux contre des marchandises. Aux débuts de la Nouvelle-France, il s'agissait souvent d'un fort en bois.

Prêtre. Personne qui a des responsabilités dans la religion catholique. Les prêtres sont placés sous l'autorité d'un évêque.

Rapide. Partie d'un cours d'eau où l'eau coule plus vite et fait des tourbillons autour de nombreux rochers. Un rapide est un obstacle à la navigation.

Récolte. Quand on ramasse ou qu'on cueille des fruits, des légumes ou des céréales, ce qu'on a ramassé s'appelle la récolte.

Récolter. Ramasser ou cueillir les produits de la terre comme les fruits, les légumes ou les céréales.

Régime seigneurial. Façon de peupler et d'administrer un territoire au temps de la Nouvelle-France. Un vaste territoire qu'on appelle une seigneurie était donné à un seigneur. Le seigneur était donc le propriétaire de la terre. Pour pouvoir l'exploiter, il la divisait en plusieurs parties. Chaque partie de terre était habitée et cultivée par une famille. Le régime seigneurial est inspiré d'un modèle qui existait en France il y a très longtemps.

Religion catholique. Voir « religion chrétienne ».

Religion chrétienne. Religion basée sur la croyance en Jésus-Christ. Cette religion s'est divisée en d'autres religions. Le catholicisme (ou religion catholique) et le protestantisme (ou religion protestante) sont les deux principales. Les habitants de la Nouvelle-France étaient majoritairement catholiques. Les colonies anglo-américaines étaient surtout peuplées de protestants.

Religion protestante. Voir « religion chrétienne ».

Roi. Personne qui dirigeait autrefois un pays et ses colonies. Le roi avait tous les pouvoirs.

Sédentaires. Des personnes sédentaires vivent très longtemps au même endroit. Les Iroquoiens, par exemple, déplaçaient leur village tous les quinze ans. Les colons de la Nouvelle-France vivaient sur leur terre souvent durant toute leur vie.

Seigneur. Personne qui a reçu du roi un territoire qui s'appelle une seigneurie.

Seigneurie. Territoire donné par le roi à une personne ou à un regroupement de religieux.

Services. Désigne ce qui sert, ce qui est utile à toutes les personnes d'une société : un hôpital, une école et une route sont des services pour la population.

Terrain de la commune. Terres qui servaient à tous les habitants d'une seigneurie. Ceux-ci pouvaient y mettre leurs bêtes à brouter. Ils pouvaient aussi parfois y couper du bois.

Troc. Faire du troc, c'est échanger une chose contre une autre.

Les personnages historiques de mon manuel

Les numéros renvoient aux pages où tu trouveras des renseignements sur ces personnages.

Les lieux historiques de mon manuel

Les numéros renvoient aux pages où tu trouveras des renseignements sur ces lieux.

Les cartes de mon manuel

Sources des photographies

Archives des Religieuses hospitalières de Saint-Joseph, dessin de J. Mc Isaac, 1942: p. 40 (bas)

Archives nationales du Canada, n° C.6643: p. 29 (Champlain); n° C-15497: p. 32 et 45 (Radisson); p. 43 (bas); n° C-099233: p. 48; n° 51970: p. 58 (bas)

Archives nationales du Québec, Fonds famille Bourassa, cote P266, S4, P20: p. 33 et 47 (La Salle)

Back, Francis: p. 33 et 53 (Kondiaronk)

Béchard, Marie-Pierre: p. 28 (école Champlain)

Bibliothèque nationale du Canada: p. 52 (bas)

Centre des Archives d'outre-mer, Aix-en-Provence (Archives nationales, France, C 11, A 19, fol. 43-44): p. 54 (bas)

Collection du Monastère des Ursulines de Québec/photo KEDL: p. 20 (haut)

Collection Musée de l'Amérique française, photo Pierre Soulard: p. 32 et 41 (Mgr de Laval)

Collection du Musée du Château Ramezay: p. 33 et 45 (Hocquart)

Corbis/Magma: Jeffry W. Myers: p. 76

Cossette, Jean-Marie/Point du jour aviation Ltée: p. 22, 40 (haut)

Couture, Émilie: p. 24

Dorling Kindersley Picture Library: p. 56

Hydro-Québec: p. 45 (bas, droite)

Maison Saint-Gabriel: p. 44 (bas)

Megapress/Réflexion: Y. Tessier: p. 42 (gauche)

Musée canadien des Civilisations, n° S94-21278: p. 17 (centre, droite)

Musée d'art de Saint-Laurent: p. 17 (centre, gauche)

Musée de la Civilisation, collection Coverdale, n° 68-564: p. 9 (bas, droite); Dépôt du Séminaire de Québec, *Frontenac (1672-82) (1689-98)*: p. 33 et 51 (Frontenac)

Musée des Augustines de l'Hôtel-Dieu de Québec: p. 33 et 49 (Talon)

Musée des Hospitalières de l'Hôtel-Dieu de Montréal: p. 32 et 39 (J. Mance)

Musée Marguerite-Bourgeoys, peinture d'Ozias Leduc: p. 32 et 37 (Maisonneuve); peinture de S.S. Léonidas: p. 32 et 43 (M. Bourgeoys)

Parc national du Bic: p. 31

Parcs Québec (SÉPAQ): p. 51 (centre)

Photothèque du Jardin botanique de Montréal: p. 98 (haut)

Rossignol, Christian, avec le concours de familyprevot: p. 35 (bas, gauche), 36 (haut)

Satakunman Museo, Finland: p. 92 (haut)

Service des archives de l'Université Laval: p. 41 (bas)

Specific Collection, Rare Books and Special Collections Division, McGill University Libraries, Montreal, Canada: p. 38 (bas)

The Imagebank: p. 100-101

Théberge Pelletier, Rey-Jane: p. 11 (centre)

Transport Québec: p. 28 (pont Champlain)

Ville de Montréal/Musée de la Pointe-à-Callière: p. 59 (bas)

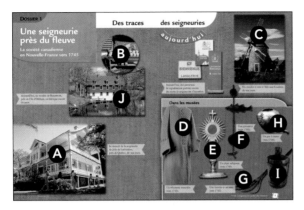

DOSSIER 1 (p. VIII-1)

Megapress/Réflexion: J; Yves Tessier: B

Musée de la Civilisation: F, I;
collection Coverdale: G

**Musée des Hospitalières
de l'Hôtel-Dieu de Montréal**: H

Musée Marguerite-Bourgeoys: E

**Musée Stewart au Fort de l'île
Sainte-Hélène, Montréal**: D

Publiphoto: P.G. Adam: A

Tessier, Yves: C

DOSSIER 2 (p. 26-27)

Bibliothèque Sainte-Geneviève, Paris: F

Collection du Musée d'art de Joliette: C

Musée de l'Armée, Paris: E, G

**Musée des Hospitalières
de l'Hôtel-Dieu de Montréal**: D

Publiphoto: G. Zimbel: B

Transport Québec: A

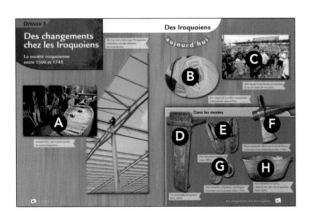

DOSSIER 3 (p. 60-61)

Archives de la Presse canadienne: C

**Ministère de la Culture et des
Communications, Laboratoire et réserve
d'archéologie du Québec**: H

**Musée McCord d'histoire canadienne,
Montréal, n° M187**: D

Photothèque du Musée de l'Homme à Paris: E
(n° 09.19.61); F (n° 34.33.51)

Ponopresse International: B

Publiphoto: P. Renault/Explorer: A

Ville de Québec/Université Laval: G

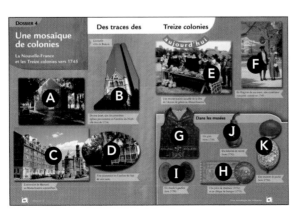

DOSSIER 4 (p. 80-81)

Corbis/Magma: D. Bartruff: B; Bettmann: E;
R. Gehman: A, D

Dorling Kindersley Picture Library: F, G; British
Museum: H; Science Museum: K; Van
Cortland House Museum: I, J

Megapress/Réflexion: T. Bognar: C